Martin Zelinger

Gierige Feuerrache

Fantasyroman

Martin Zelinger

Gierige Feuerrache

Book Print Verlag

Bibliografische Information der Deutschen Nationalbibliothek

Die Deutsche Nationalbibliothek verzeichnet diese Publikation in der Deutschen Nationalbibliografie; detaillierte bibliografische Daten sind im Internet über http://dnb.ddb.de abrufbar.

Book Print Verlag
Karlheinz Seifried
Weseler Straße 34
47574 Goch
http://www.verlegdeinbuch.eu

Hergestellt in Deutschland • 1. Auflage 2008

© Book Print Verlag, Karlheinz Seifried, 47574 Goch

© Alle Rechte beim Autor: Martin Zelinger

Satz: Heimdall DTP-Service, Rheine

Coverabbildungen: © fotolia.de

ISBN: 978-3-940754-17-2

*Ein Teil der Entstehung dieser Geschichte verdanke ich Buffy.
Ihre Motivation spülte meine anfänglichen Selbstzweifel
mit einer gewaltigen Flutwelle hinweg
und gab mir den Mut, den ich benötigte.
Danke.*

Rache zerreißt das Zusammenleben,

Liebe festigt die Gemeinschaft.

Rache gibt keinen Segen,

Liebe erfüllt die Menschen mit Lebenskraft.

I

Der Wind blies in dieser Nacht kräftig zwischen den Fichten. Die Zweige und Äste der Bäume schwangen mit dem Wind, so als würden sie einem bestimmten Rhythmus folgen. Die Musik des Windes pfiff so laut, dass man hätte meinen können, man würde davon taub werden. Tief hängende schwarze Wolken türmten sich gen Himmel. Hin und wieder zerriss ein Blitz den Himmel und teilte ihn in zwei Hälften. Begleitet wurde er von einem Donnern. Es regnete unaufhörlich in Strömen vom Himmel, als würden die Naturgewalten ein Spiel mit dem Land spielen. Wieder erschien ein Blitz und fuhr inmitten eines Waldes. Fast hätte der Donner das Krachen des Baumes übertönt. Der Baum barst in zwei Hälften und fing Feuer. Er stürzte um und beim Aufprall auf dem Boden schleuderte er Schlamm und Dreck in die Höhe. Der Wind heulte über dem umgestürzten Baum hinweg. Der Wind hörte sich an, als hätte er sich über den Baum lustig gemacht.

Der junge Mann schaute aus großen, gelben Augen auf den umgestürzten Baum. Das Feuer ließ Schatten aufleben und hinter dem Mann tanzen. Das helle Licht reflektierte das Glitzern in seinen Augen. Er war von oben bis unten komplett durchnässt. Seine Kleidung bestand aus Sportschuhen, einer Jeanshose und einem T-Shirt. Trotz des eisigen Windes und dieser kühlen Nacht fröstelte er nicht. Sein Mund bewegte sich und doch kamen keine Laute über seine Lippen. Die Hände waren zu Fäusten geballt. Er drehte sich langsam um sich selbst, um den übrigen Teil des Waldes zu betrachten. Der Wald war düster und man konnte nicht sehr viel erkennen. Das Feuer des Baumes ließ die Umgebung irreal erscheinen.

Das Donnern sowie die Blitze ließen nach. Das Unwetter zog

weiter Richtung Osten. Auch der Regen ließ nach und kam nun eher einem leichten Nieselregen gleich.

Der Mann ging einen Schritt vom umgestürzten Baum weg. Dann wieder einen Schritt. Und noch einen Schritt.

Plötzlich schossen ihm Fragen durch den Kopf. Die Fragen kamen so plötzlich, als wenn ihm jemand ohne Vorwarnung ins Gesicht geschlagen hätte. Er schwankte, hielt sich aber noch rechtzeitig am Stamm eines nahe gelegenen Baumes fest, damit er nicht in den Schlamm stürzte.

Wer bin ich? Wo bin ich? Und vor allem, was tue ich hier?

Er schaute an sich herab und runzelte die Stirn. Er war nass! Nun merkte er auch, dass die Feuchtigkeit durch die Kleidung gedrungen war und seine nackte Haut erreichte.

Er griff in die rechte Jeanstasche und stellte fest, dass sie leer war. Er untersuchte auch die anderen beiden Taschen und fand in der letzten einen Schlüssel und eine Brieftasche. Die Brieftasche war vom Regen so mitgenommen worden, dass er die Vorahnung hatte, wenn er sie jetzt öffnen würde, würden die Papiere zerstört werden. Er steckte beides wieder ein, raffte sich und begab sich in die Richtung, aus der das Unwetter gekommen war. Richtung Westen.

Nach etwas längerer Zeit erreichte er den Waldrand und trat auf eine große Weide. Der Regen hatte inzwischen vollständig aufgehört und nur ein leichter, kalter Wind blies ihm ins Gesicht. Er sah sich nach allen Seiten um und entdeckte einige Kilometer vor sich eine Landstraße, die sich durch die umliegenden Felder hindurchschlängelte wie eine Schlange durch hohes Gras. Sie war bedingt durch die großen Ulmen auf beiden Seiten der Straße schwer zu erkennen. Er fand mit seinen suchenden Augen aber kein Anzeichen von menschlichen Behausungen. Keine Bauernhäuser, kein kleines Dorf oder gar eine Stadt. Nicht ein einziges Auto befuhr die Landstraße. Nicht einmal eine Scheune oder etwas Ähnliches war zu finden.

Er zuckte die Achseln und ging auf die Landstraße zu.

2

Rote Augen blickten durch das Unterholz auf einen Radweg. Sie beobachteten. Die Nacht schränkte die Sichtweite dieser Augen nicht ein. Im Gegenteil, sie wurden bei Dunkelheit noch schärfer. Die roten Augen beobachteten in einiger Entfernung, wie sich eine Radfahrerin dem Unterholz näherte. Eine menschliche Nase hob sich in die Luft und schnupperte. Sie nahm viele Gerüche auf, wie z. B. den Geruch von Schweiß, den süßlichen Geruch von frischem Wasser und die schwere Luft nach einem Gewitter. Der Speichersee glitzerte im Mondlicht und warf konfuse Schatten auf die Wasseroberfläche.

Der Radweg machte einen kurzen Bogen vom Speichersee weg und verlief genau an dem Unterholz vorbei, in dem sich (etwas) jemand verbarg.

Menschliche Ohren zuckten, als sie ein Pfeifen vernahmen.

Die Radfahrerin hatte begonnen ein Lied zu pfeifen.

Gliedmaßen spannten sich an und Muskeln wurden hart.

Die Radfahrerin kam näher.

Die Haltung war die eines Raubtieres beim Beutefang.

Noch näher.

Ein leises Grollen entrang einer Kehle.

Die Radfahrerin hielt inne und hörte auf zu pfeifen.

Nah genug?!

Sie beobachtete das vor ihr befindliche Unterholz und ein kalter Schauder durchlief ihren Rücken.

Jetzt!!!

Sie drehte sich um und wollte den Weg zurückkehren, als sie aus dem Augenwinkel eine Bewegung wahrnahm. Die Bewegung kam so schnell, dass sie sich nicht mehr komplett herumdrehen konnte. Sie spürte einen Schlag im Rücken und dann ein Zerren im Arm. Als sie auf ihren Arm schaute, schoss das Blut in einer Fontäne aus dem noch übrig gebliebenen Stumpf. Ihr wurde schwarz vor Augen.

Nein, nicht in Ohnmacht fallen, denn dann ist alles aus. Flieh!

Sie war durch den Schlag nicht zu Boden gegangen und konnte somit direkt loslaufen. Sie ließ das Fahrrad los und lief. Sie hörte, wie das Fahrrad auf die Kieselsteine fiel und gleichzeitig ein Knurren wie von einem tollwütigen Hund hinter ihr ertönte.

Sie spürte wieder ein Zerren, diesmal am Bein, kam dadurch ins Stolpern und fiel der Länge nach hin. Das Gesicht schlug auf dem Boden auf und sie spürte sofort, wie das Blut aus ihrer Nase floss. Die Augen waren geschlossen, denn sie konnte es nicht ertragen zu sehen, was sie da umbrachte. Etwas saß auf ihrem Brustkorb. Doch ihre Neugier triumphierte und sie öffnete die Augen. Ihr stockte der Atem. Sie blickte in zwei hasserfüllte Augen, die so rot glühten, als wäre es Feuer aus der Hölle. Dann wurde es dunkel, als hätte jemand das Licht ausgelöscht.

3

»Hören sie, Dr. Freimann. Ich wusste nicht, dass es sich um ein solches Experiment handelt, sonst hätte ich mich nie gemeldet. Nehmen sie mir die Ketten ab. Ich gebe ihnen ihr Geld zurück und sie lassen mich wieder laufen.«

»Tja, dafür ist es wohl jetzt etwas zu spät.« Ein Grinsen huschte über das Gesicht von Dr. Freimann.

Thomas Langer schaute erbost. »Sie wissen, dass dies Freiheitsberaubung ist. Wollen sie sich wirklich strafbar machen? Wenn sie mich jetzt gehen lassen, vergesse ich den ganzen Mist, den sie hier gerade machen.«

»Opfer müssen gebracht werden. Das war schon immer in der Geschichte der Wissenschaft. Außerdem sind sie zurzeit nicht in der Lage, irgendwelche Forderungen zu stellen.«

Dr. Freimann nahm ein Reagenzglas von einer Anrichte und eine Spritze von dem vor ihm befindlichen Tisch. Er steckte die Spritze in den Korken, der das Reagenzglas verschloss und sog die weiße Flüssigkeit auf.

»Sie sollten auch noch zusätzlich bedenken, wie berühmt sie werden«, sagte Dr. Freimann und wandte sich mit der Spritze und der darin befindlichen Flüssigkeit zu Thomas. »Vorausgesetzt, das Experiment wird gelingen und sie überleben.«

Thomas zerrte an seinen Stahlfesseln. Die Stahlfesseln waren so konzipiert worden, dass einem nicht sehr viel Bewegungsfreiheit blieb.

»Das ist doch ein Witz. Das können sie nicht machen. Ich weigere mich.«

Dr. Freimann lachte laut auf. »Sie sind ganz schön naiv, wissen sie das?«

Er trat auf Thomas zu und nahm ein durchtränktes Tuch

von einem Regal neben ihm. Er desinfizierte die Gegend im Bereich des Oberschenkels, legte das Tuch beiseite und setzte die Spritze an. Die Flüssigkeit wurde in die Vene am Oberschenkel gedrückt.

Thomas biss sich auf die Lippen.

Dr. Freimann schaute ihn an. »Tut es weh?«

»Scheren sie sich zum Teufel! Sie werden das eines Tages bereuen.«

»Seien sie froh, dass ich sie ausgewählt habe. Sie werden ein ganz neuer Mensch werden und sich selbst kaum erkennen, wenn der Prozess abgeschlossen ist.«

»Wenn ich ihnen wieder begegne, ohne gefesselt zu sein, dann werden sie sich nicht mehr erk…ahhh.«

Thomas bäumte sich auf. Ein Schmerz durchfuhr seinen Körper. Es fühlte sich an, als wenn flüssige Lava durch seinen Körper fließen würde. Seine Augen rollten in alle Richtungen und Schaum trat in seinem Mundbereich auf. Er schrie wieder und wieder. Schlimmer konnte die Hölle auch nicht sein. Nach wenigen Minuten hing der Körper schlaff an den Ketten. Dr. Freimann beobachtete die Computeranzeigen. Puls normal, Herzschlag normal, Atmung normal. Dr. Freimann lächelte. Er konnte mit sich zufrieden sein. Er stellte noch einige Computerprogramme ein, die einen kompletten Bericht über das Experiment liefern würden. Aber nicht heute Abend. Morgen. Er war müde und musste sich etwas hinlegen. Er schaute noch mal nach Thomas, löschte das Licht und verließ den Laborbereich.

Als Dr. Freimann gegangen war, flimmerte ein Monitor auf und es leuchteten drei Worte auf:

NEUE ART ERSCHAFFEN

Im selben Augenblick öffneten sich die Augen von Thomas und leuchteten weiß in der Dunkelheit.

4

Das Tief Paul zieht weiter Richtung Süden. In der Region um München lässt der Regen allmählich nach und die Schauer hören schließlich auf. Der heutige Tag wird bewölkt mit Temperaturen um 14 Grad. Heute Nachmittag kann es wieder zu vereinzelten Schauern kommen.« Kurze Pause. »Nun zu den Staus. Es sind keine Staus gemeldet. Wir wünschen ihnen eine schöne Fahrt und fahren sie vorsichtig.« Kurze Pause. »Jetzt hören sie Sarah Connor feat. TQ mit Let's get back to bed – boy!" Katja stellte das Radio etwas leiser und konzentrierte sich wieder auf die Fahrbahn. Auf der A8 Richtung München war nicht viel los. Ab und zu wurde sie von einem anderen Fahrzeug überholt, doch die Rücklichter verschwanden schnell in der Dunkelheit. Auch sie überholte einige Male ein paar Lkws oder zu langsam fahrende Autos, was aber noch seltener war. Diese verschwanden ebenfalls sehr schnell im Rückspiegel. Meistens fuhr sie alleine in ihrem blauen BMW.

Sie dachte nach. Sie hatte sich aus einem ganz bestimmten und auch wichtigen Grund auf den Weg von Dortmund nach München gemacht. Dort wartete eine Verabredung. Katja las vor zwei Wochen in einem Artikel über Medizin und Wissenschaft von einem Dr. Freimann, der auf dem Gebiet der genetischen Veränderungen forschte. Der Artikel sagte aus, dass Dr. Freimann wohl kurz vor dem Durchbruch wäre, genetische Veränderungen mithilfe eines so genannten Impulses an lebenden Wesen durchzuführen, ob Mensch oder Tier. Die guten Eigenschaften wie Seh-, Hör- und Tastsinn der Tiere könnten bald problemlos mit menschlichen Genen gekoppelt werden. Zusätzlich wäre man auch imstande, Fehlfunktionen der menschlichen Gene zu heilen. Das war für sie sehr interessant, da sie ein Problem mit ihren Genen hatte. Katja rief daraufhin Dr. Freimann persönlich an, um einen Termin zu ergattern. Er erkundigte sich, welches Problem sie denn hätte, und sie antwortete ihm, dies am Telefon nicht besprechen zu wollen. Dr. Freimann besaß eine sehr angenehme Stimme und er teilte ihr mit, er hätte dafür vollstes Verständnis. Er war aber auch der Meinung, dass es mit Sicherheit eine Problemlösung geben würde. Er gab ihr einen Termin. Am Telefon hätte sie fast laut aufgelacht. Wenn der wüsste. Aber er war ihre einzige Chance ein normales Leben zu führen.

Sie schaute auf die Uhr. 04:43 Uhr. In ein paar Stunden würde die Sonne aufgehen, genauer gesagt um 07:03 Uhr. Das waren noch gut zwei Stunden. Sie erkannte ein Schild in weiter Entfernung, auf dem München noch 85 Kilometer entfernt war. Der Termin war heute Abend um 22:00 Uhr. Das war noch sehr viel Zeit. Sie war guter Hoffnung, dass sich ihr Problem bald lösen würde.

5

Der Rastplatz lag friedlich da. Es waren nur wenige Fahrzeuge auf ihm zu sehen. Zwei Fahrzeuge, ein roter Opel und ein weißer Audi, standen in der äußersten Ecke des Parkplatzes. Ein Lkw stand direkt in der Nähe der Toiletten und dahinter ein Wohnmobil. Die Insassen der Fahrzeuge waren alle am schlafen.

Er beobachtete die Fahrzeuge und überlegte, ob er hinübergehen und fragen sollte, ob ihn jemand mitnehmen könnte. Aber das war wohl nicht der richtige Zeitpunkt. Bei so einem trüben Tag, mit solch einer Kleidung, die total durchnässt war, und einem niedergeschlagenen Gesichtsausdruck machte er nicht gerade einen vertrauenerweckenden Eindruck. Er blickte wieder auf seine durchnässte Brieftasche.

Als er die Landstraße erreicht hatte, war er ihr gefolgt, bis er zu einer Autobahn kam. Dort befand sich auch dieser Rastplatz. Er dachte erst, er wolle sich ausruhen, bis er erstaunt feststellte, dass er das gar nicht nötig hatte. Er war so fit wie ein Profisportler. Komisch. Dann entschloss er sich dafür, hier auf einer der nassen Bänke sitzen zu bleiben und etwas nachzudenken.

In seinem Inneren wechselten sich zwei Gefühle immer wieder ab als wären es die Gezeiten. Auf der einen Seite die Angst, die Brieftasche zu öffnen und dabei etwas zu zerstören, was für ihn wichtig sein könnte. Er wusste immer noch nichts von sich, so als wäre sein Gedächtnis eine Kerze gewesen, die jemand ausgepustet hatte. Auf der anderen Seite war seine Neugier. Er wollte wissen, wer er war, woher er kam und was er tat.

Wenn ich weiter hier herumsitze und nachdenke werde ich nie etwas raus finden. Die Neugier siegte. Er wollte gerade die Brieftasche öffnen, als er ein Motorengeräusch hörte. Er schaute erschrocken zu den Fahrzeugen, die auf dem Rastplatz standen, doch von dort kam dieses Geräusch nicht.

Das Geräusch wurde lauter.

Er blickte in die Richtung, in der sich die Einfahrt des Rastplatzes befand.

Nach kurzer Zeit erschien in der Einfahrt ein blauer BMW. Er fuhr genau in seine Richtung. Plötzlich blieb der Wagen mitten auf der Straße stehen.

Seine gelben Augen erfassten den Wagen und er versuchte zu erkennen, wer sich hinter dem Steuer befand. Er erkannte lange, schwarze Haare und ein weibliches Gesicht. Er konnte es aber nur unscharf erkennen. Er schaute genauer hin und wäre dabei fast von der Bank gefallen. Es war, als würde sich in seinen Augen eine Kamera befinden. Irgendetwas zoomte das Bild der Frau heran und er konnte jede Pore auf der Haut der Frau erkennen.

Sie besaß blaue Augen, eine kleine Nase, dünne Augenbrauen und volle Lippen. Ihre Haut wies keinerlei Unebenheit auf, als wäre sie eine Elfe aus den Romanen von J. R. R. Tolkien. Ihr Gesichtsausdruck war nachdenklich. Er bemerkte, dass sie ihn beobachtete.

Er versuchte sich zusammenzureißen. Als er aufstand hob er, ohne viel nachzudenken, die Hand, wie als wolle er einen alten Freund begrüßen.

Sie lächelte. Sie fuhr wieder an und hielt den Wagen genau vor seinen Füßen.

Als sie ausstieg und er ihre Figur betrachtete, wären ihm fast die Augen aus dem Kopf gefallen. Die Figur war die eines Topmodels. Ihre Bekleidung bestand aus einer eng anliegenden Jeans, einer roten Bluse und hochhackigen Schuhen. Ihre Finger waren zierlich und ihre Brüste wogten im Takt ihrer Bewegungen. Ihre langen Beine waren eine Augenweide für jedermann.

»Ich hoffe sie werden nicht auf dumme Gedanken kommen, so wie ich ihren Blick deute.«

Er schaute ihr in die Augen und errötete.

Mist. Ihr ist aufgefallen, wie ich sie angeglotzt habe. Ich bin ein Idiot.

Und dann sagte er laut: »Tut mir Leid, dass ich sie so angestarrt habe. Ähm. Sie sind eine wunderschöne Frau.«

»Danke. Ist das ihr Hobby, morgens auf einer nassen Bank zu sitzen?«

Er schaute sie fragend an.

»Wie?«

Sie schüttelte den Kopf und zeigte mit ihrer schlanken Hand auf die nasse Bank. »Nasse Bank. Sitzen. Verstehen sie?«

Das Rot in seinem Gesicht verstärkte sich. »Ach so. Nein, natürlich nicht. Ich warte hier nur auf eine Mitfahrgelegenheit.«

Sie musterte ihn einen kurzen Moment. Ihre blauen Augen blickten tief in seine gelben Augen. Er fühlte sich, als würde ihr Blick in seinem tiefsten Inneren suchen. Suchen? Aber nach was?

Sie schaute ihn plötzlich erschrocken an und dann blickte sie von seinen Augen weg. Sie räusperte sich und fragte: »Wo wollen sie denn hin?«

Er stellte eine Gegenfrage: »Wo fahren sie denn hin?«

Ihre Augenbrauen fuhren fragend hoch und sie blickte ihn mit einem eigenartigen Gesichtsausdruck an, den er nicht zu deuten wusste.

»Ich muss nach München.«

»Nach München? Wie weit ist das noch von hier?«

»Darf ich ihnen eine Frage stellen, die sie mir wahrheitsgemäß beantworten?«

»Klar.« Er grinste.

»Wissen sie eigentlich, wo sie sich hier befinden?«

»Wenn ich ehrlich bin: Nein.«

Wieder dieser eigenartige Ausdruck in ihrem Gesicht.

»Steigen sie ein. Ich nehme sie bis München mit, vorausgesetzt, sie wollen.«

»Danke. Das ist sehr nett von ihnen. Mein Name ist...«

Er blickte etwas verwirrt drein.

»Sie wissen ihn nicht, richtig? Mann, sie haben ihr Gedächtnis verloren. Das ist heftig. Mein Name ist Katja Tilmann. Haben sie schon daran gedacht in ihre Brieftasche zu schauen?«

Sein Blick senkte sich und er schaute auf die Brieftasche, die er immer noch in der Hand hielt.

»Ja. Ich hab schon daran gedacht, nur ist die Brieftasche total durchnässt, und ich hab etwas Angst, dass ich irgendetwas Wichtiges zerstöre. Sie wissen schon, Papiere und so.«

»Mmh. In meinem Wagen wird die Brieftasche mit Sicherheit schnell trocknen.«

Er nickte. Katja machte eine einladende Geste in Richtung ihres Autos und beide stiegen ein.

6

»Warum haben sie mich mitgenommen?«, fragte er unvermittelt.

Beide saßen im Wagen und Katja fuhr mit gemächlichen 120 km/h die Autobahn entlang.

»Ich mach schließlich nicht gerade einen guten Eindruck, so wie ich aussehe.«

Katja zögerte kurz und sagte schließlich: »Ich habe normalerweise eine gute Menschenkenntnis«, dabei zuckte sie die Schultern, »Außerdem machten sie einen bemitleidenswerten Eindruck.«

Sie schaute ihn von der Seite her an: »Tragen sie eigentlich Kontaktlinsen oder ist ihre Augenfarbe echt?«

»Wie meinen sie das?« Er schaute sie verwirrt an.

»Na ihre gelben Augen. Sind die echt?« Dabei deutete sie auf die Sonnenblende auf der Fahrerseite, »Schauen sie selbst.«

Jetzt war er noch verwirrter. Gelbe Augen? Er konnte sich nicht daran erinnern, jemals von einem Menschen mit gelben Augen gehört zu haben. Neugierig und gleichzeitig etwas ängstlich, was er entdecken würde, klappte er die Sonnenblende herunter und betrachtete sich in dem dort eingelassenen Spiegel. Fast hätte er laut aufgeschrien, biss sich aber rechtzeitig auf die Unterlippe. Aus dem Spiegel heraus starrten ihn zwei gelbe Augen an. Ansonsten war sein Gesicht das eines ganz normalen jungen Mannes. Dunkelbraune, kurze Haare. Kleine Ohren, die ein wenig abstanden. Kleine Nase und ein etwas zu spitzes Kinn. Die dünnen Lippen passten zu dem Rest des Gesichtes. Dichte Augenbrauen zogen sich mit einer Unterbrechung in der Mitte über seine Augen. Ein leichter Flaum machte sich auf seiner Oberlippe, seinem Kinn und seinen Wangen bemerkbar. Alles in allem sah er recht gut aus, nur diese Augen ließen ihn eigenartig erscheinen. Ein Schimmern kam aus den Augen heraus, was unnatürlich aussah. Er fasste sich mit den Händen an die Augen, befühlte sie und stellte erschrocken fest, dass er keine Kontaktlinsen trug.

»Oh mein Gott«, stieß er hervor.

Der Rastplatz. Seine Erinnerung kehrte zu dem Rastplatz zurück, wo er das Gefühl hatte, es befände sich eine Kamera in seinem Gehirn, die er steuern konnte. Das Heranzoomen.

Das kann doch alles nicht sein, sagte er sich in Gedanken.

Katja beobachtete ihn aus ihren Augenwinkeln und versuchte den fremden Mann zu beruhigen: »Seien sie darüber nicht schockiert. Die Augen machen sie zu etwas Besonderem. Ich habe noch nie einen Mann mit solchen Augen gesehen, geschweige denn von jemand gehört. Irgendwie finde ich es... anziehend.«

»Danke, dass sie mich versuchen zu beruhigen, aber es ist nicht schlimm genug, dass ich mein Gedächtnis verloren habe, nein, jetzt habe ich auch noch gelbe Augen. Schlimmer kann es nun auch nicht mehr werden.« Er verschränkte die Arme über die Brust und schaute aus dem Fenster.

Einige Minuten sagten beide nichts. Katja stellte die Heizung etwas herunter, als der Fremde plötzlich fragte: »Nach ihrer Aussprache zu urteilen kommen sie wohl nicht aus Bayern. Was hat sie in diese Gegend verschlagen?«

Katja schaute betrübt auf die Straße. »Ich denke, wenn ich ihnen das erzähle, werden sie mich bestimmt auslachen oder für verrückt halten.«

»Verrückter als meine Situation kann es bestimmt nicht sein. Und zum Lachen ist mir absolut nicht zumute. Das verspreche ich ihnen.«

Katja betrachtete ihn kurz, nickte dann und fing an zu erzählen: »Sie haben wohl recht. Ihre Situation ist wirklich verrückt. Ich bin nach München gekommen, um mich mit einem Dr. Freimann zu treffen. Er arbeitet auf dem Gebiet der Genforschung.«

Der Rücken des Fremden versteifte sich. Eine Erinnerung quoll an die Oberfläche seines Bewusstseins, durchstieß sie aber nicht. Er versuchte sie zu greifen, doch es misslang ihm. Dr. Freimann sagte ihm etwas, er wusste aber nicht warum. *Verdammt,* dachte er.

Katja redete weiter, da sie nichts bemerkt hatte: »Ich möchte mich aus einem ganz bestimmten Grund mit ihm treffen. Seit ich klein bin, kann ich in die tiefste Seele jedes Menschen sehen. Die guten Gedanken und die schlechten Gedanken schießen mir entgegen, als wäre ich ein Magnet. Ich kann mich auch nicht davor schützen. Meine Mutter sagte immer, ich wäre etwas Besonderes und hätte die Gabe. Sie predigte mir das förmlich jeden Tag. Für sie war ich eine Gesandte Gottes. Dass ich mich jedes Mal, nachdem ich wieder in eine Person ›hineingesehen‹ habe, schlecht fühlte, wollte sie nicht hören. Meiner Meinung nach ist es keine Gabe sondern ein Fluch. Meine Mutter starb vor knapp zwei Jahren und seitdem besteht der Sinn meines Lebens nur noch darin, diesen Fluch loszuwerden. Meine Hoffnung setze ich jetzt in Dr. Freimann. Ich hoffe, er kann mich heilen.« Katja endete ihren Vortrag mit einem traurigen Seufzer. Sie schniefte kurz und sah wieder auf die Strasse. Ihre Hände verkrampften sich um das Lenkrad.

Er dachte über das gerade Gesagte nach. In ihm kam so etwas wie ein Schuldgefühl auf. Kurz vorher hatte sie ihn noch über die Tatsache hinweg getröstet, dass er gelbe Augen besaß, und nun wollte er sie trösten.

Er räusperte sich und sagte: »Haben sie irgendwann in ihrem Leben mal daran gedacht, dass ihre Mutter vielleicht recht hatte. Sie sagten eben, ich wäre mit diesen Augen etwas Besonderes, obwohl ich bei deren Anblick fast einen Schock bekommen hätte. Wenn das so ist, dann sind sie auch etwas Besonderes. Ihre Fähigkeit flößt mir großen Respekt ein und ich finde es traurig, dass sie diese Fähigkeit loswerden wollen.« Er hatte das so ernst gesagt, dass es ihm schon fast albern vorkam.

Katja bedachte ihn mit einem abschätzenden Blick und dachte darüber nach.

Er betrachtete währenddessen seine Brieftasche, die auf dem Armaturenbrett lag.

Die Brieftasche trocknete wirklich schnell in dem Wagen. Katja hatte die Heizung beim Losfahren auf die höchste Stufe gestellt. Seine Hände zitterten, als er langsam und vorsichtig die Brieftasche von dem Armaturenbrett nahm und sie öffnete. Im Inneren war eine Menge Geld. Er nahm das Geld heraus und zählte es ganz langsam, dabei wurde er von Katja aus den Augenwinkeln beobachtet.

»Eine Sache könnte man wohl jetzt schon feststellen«, sagte sie mit einem Blick auf das Geld. »Entweder sie sind ein reicher Mann oder ein erfolgreicher Gangster.«

Er lachte auf. »Also wenn ich wirklich ein reicher Mann bin, brauche ich mir ja keine großen Gedanken zu machen. Dann wäre es ja relativ egal, ob ich mein Gedächtnis verloren habe. Wenn ich allerdings ein Schwerverbrecher bin, hätte ich ein paar Probleme.«

Er legte das gezählte Geld, insgesamt 1800 Euro, neben sich auf den Sitz und schaute wieder in die Brieftasche. Es befanden sich darin noch zwei Papiere, es gab jedoch keine Spur von einem Ausweis, Führerschein oder Ähnlichem, was ihm genaue Hinweise darauf geben könnte, wer er war und woher er stammte. Seine Hände griffen nach den zwei Zetteln.

Er zog beide heraus und faltete den ersten auseinander. Es standen nur drei Worte darauf:

Wo ist Er?

»Was hat das denn schon wieder zu bedeuten?«

Katja sah kurz auf den Zettel. »Ist bestimmt ihre Handschrift, darauf könnte ich wetten.«

In Gedanken gab er ihr wohl recht. Wer sollte sonst einen

Zettel mit dieser Frage formulieren und dann in seine Brieftasche stecken?

»Da könnten sie wohl recht haben.«

Er faltete den zweiten Zettel auseinander und erkannte, dass es sich um einen Brief handelte.

Lieber Karl,

es tut mir leid, was mit deiner Frau Sara geschehen ist und du hast mein vollstes Mitgefühl. Du musst deinen Zorn und deine Rachegelüste trotz allem zurückstellen. Du kannst dadurch deine Frau nicht lebendig machen. Denke nun an dich. Das soll nicht heißen, dass du deine Frau vergessen sollst. Im Gegenteil. Du sollst ihren Wunsch erfüllen und erfahren, was mit dir geschehen ist. Du hast mir erzählt, dass sich nach dem Unfall deine Augenfarbe änderte. Das deine Sinne schärfer geworden sind und du unter seltsamen Visionen leidest. Dies könnte ein Zeichen sein. Suche mich bitte in München auf, damit wir uns darüber näher unterhalten können. Mach dir nicht so viele Gedanken. Die Wunde in deiner Seele ist groß, aber es gibt immer ein Heilmittel. Ich freue mich auch dich nach all den Jahren wieder zu sehen. Bis bald und alles Gute.

Pfarrer Metzler

Karl? War das sein Name? Sara? War das der Name seiner Frau? Er war verheiratet gewesen? Nach den Worten des Pfarrers zu urteilen lebte sie anscheinend nicht mehr. Karl horchte in sein Innerstes, aber er konnte keinerlei Anzeichen von Trauer finden. Wahrscheinlich hatte es damit zu tun, dass er sich nicht an seine Frau erinnern konnte. Das deprimierte ihn. Auch war von einem Unfall die Rede, den er anscheinend gehabt hatte. Danach sind wohl mit ihm Veränderungen geschehen und er hatte die Hilfe eines Freundes (?) aufgesucht. Diesen Pfarrer Metzler musste er schon Jahre kennen, aber auch hier half ihm keine Erinnerung auf die Sprünge.

»Und hat ihnen der zweite Zettel einige Antworten gegeben?« fragte Katja.

Der leicht besorgte Unterton in ihrer Stimme war nicht zu überhören. Sie empfand Mitgefühl mit ihm und dafür war er ihr dankbar.

»Ja. Mein Vorname ist nach dem Brief zu urteilen Karl. Und die gelben Augen hab ich seit einem Unfall. Ich kann mich allerdings an nichts erinnern. Der Brief stammt von einem gewissen Pfarrer Metzler, in welchem er mir sein herzliches Beileid zum Tod meiner Frau ausdrückt. Er lud mich ein, zu sich nach München zu kommen, um darüber zu sprechen. Jetzt weiß ich auch, was ich hier wollte. Das wird auf jeden Fall die nächste Station sein, an der ich weiter nach meiner Vergangenheit fahnde.«

»Die Sache mit ihrer Frau tut mir leid.«

In ihrem Gesicht war jetzt tiefe Besorgnis abzulesen.

»Ist schon OK. Komischerweise empfinde ich keine Trauer. Ich denke aber, das wird noch kommen.«

Karl lehnte sich zurück und dachte über das gerade Erfahrene nach.

Draußen wurde es mit jeder Minute heller und ein neuer Tag brach an.

7

Die Schmerzen wollten nicht aufhören. Sie waren zwar nur noch in abgeschwächter Form zu spüren, doch dieser ständige dumpfe Schmerz brachte ihn fast um den Verstand. Normalerweise wäre ihm eigentlich kalt gewesen, da er nur mit einer Shorts bekleidet war, doch er spürte nichts.

Thomas wusste, er wollte nur noch eins. Rache. Blutige Rache. Dafür, was Dr. Freimann ihm angetan hatte. Ein Schaudern lief seinen Rücken hinunter, als er wieder an die Qualen dachte, die er nach der Injektion durchstehen musste. Es waren nur wenige Minuten gewesen, doch für ihn kam es wie eine Ewigkeit vor. Seine Gedanken überschlugen sich mit einem Mal. Weg. Er musste aus diesen Laboratorien. Raus. Raus an die frische Luft und in die Freiheit. Die Angst, die erlebten Qualen noch einmal zu durchleben war riesengroß. Flüssige Lava. Aus seiner Kehle entrang sich ein lautes Winseln, als würde sich ein Hund vor seinem Herrchen ducken, um so den Schlägen auszuweichen. Sein Körper bäumte sich auf. Thomas Nerven waren zum Zerreißen gespannt, und nur ein falscher Gedanke könnte ihm das Leben kosten. Er stemmte sich nach vorne, und die Stahlfesseln, mit denen er an Händen und Füßen gefesselt war, knirschten beängstigend.

»Reicht noch nicht«, brachte er vor lauter Anstrengung schwer atmend heraus.

Er verdoppelte die Kraftanstrengung und seine Muskelpartien traten unnatürlich hervor. Ein klimperndes Geräusch erklang und er wendete den Kopf, um zu schauen, was die Ursache des Geräusches war. Die linke Stahlfessel löste sich aus der Verankerung, und plötzlich schoss Thomas Körper mit einem großen Schwung nach vorn. Im Flug spürte er, dass sich auch die übrigen Stahlfesseln aus den Verankerungen gelöst hatten. Er stürzte gegen den Tisch, auf dem sich verschiedene Reagenzgläser befanden, und knallte dann hart auf den Boden auf. Die Reagenzgläser zersprangen in unzählige Scherben, wobei einige in den Oberkörper von Thomas eindrangen.

Er spürte keinerlei Schmerzen. Es war eher so, als würde er von vielen kleinen Mücken gestochen werden. Seine Hand tastete nach den Glassplittern und zog sie einzeln aus der Haut heraus. Die ganze Aktion dauerte wenige Sekunden, doch der Lärm, den er dabei verursacht hatte, war so laut, dass er damit jeden im Laboratorium, der noch anwesend war, mit Sicherheit auf sich aufmerksam gemacht hatte.

Er rappelte sich auf und befühlte die Stellen, an denen er verletzt war. Das Untersuchungsergebnis war verblüffend. Kein Blut war zu finden. Glück gehabt. In einem Schrank fand er seine Sachen, die dort zur Aufbewahrung hineingelegt worden sind. Es war zwar stockfinster, doch Thomas konnte sich in der Dunkelheit ohne Probleme ankleiden. Die Kleider waren in einwandfreiem Zustand. Als er mit dem Anziehen der Jeans, des Hemdes, des Pullovers, der Lederjacke und den Stiefeln fertig war, sah er sich im Labor um. Was ihm als Erstes auffiel, waren die großen leuchtenden Buchstaben auf dem Monitor, der sich auf einem der Tische befand. Er las die drei Worte und runzelte die Stirn. Was sollte das bedeuten? Neue Art erschaffen? Welche neue Art? War er etwa damit gemeint?

In seinem tiefsten Innersten keimte Wut auf. Unglaubliche Wut. Auf Professor Freimann, die Konstruktion, die ihn festgehalten hatte, das ganze Labor. Die Wut brodelte so stark in ihm, dass er nach Luft schnappte. Er atmete tief ein. Seine Hände zitterten. Die Gesichtszüge wurden grimmig. Wenn er schon eine neue Art darstellen sollte, würde man bei einer Zerstörung bestimmt nicht mehr nachvollziehen können, wie die Veränderung in ihm zustande gekommen ist, und was noch viel wichtiger war, zu was für einer neuen Art er geworden ist.

Seine Hände umfassten den Monitor und er schleuderte das Gerät in einem weiten Bogen gegen die Wand. Der Monitor zersprang in tausend Stücke. Im ganzen Labor wütete er so lange, bis nichts mehr in einem heilen Zustand war. Die Haltevorrichtung, an der er gefesselt worden war, lag herausgerissen auf dem Boden. Alle Tische und Schränke waren zerstört. Der Boden war übersät mit Glas, Holz, Plastik, Papier und unzähligen anderen Materialien, die man nicht mehr mit bloßem Auge identifizieren konnte. Verschiedene Flüssigkeiten aus den unterschiedlichsten Flaschen, Reagenzgläsern, Schüsseln und Phiolen waren auf dem Boden verteilt. Die Wut, die Thomas verspürte, ebnete langsam ab.

Der Hass auf Professor Freimann blieb. *Ich werde ihn kriegen. Kommt Zeit, kommt Rat.*

Er wollte das Labor grade verlassen, als im Flur Licht anging.

Er vernahm eine Stimme. »Ist da jemand?«

Der Sicherheitsdienst. Den hätte er fast vergessen.

Der Laborraum war in vollkommene Dunkelheit gehüllt, doch er konnte alles sehr gut erkennen. Eigenartig. Er schlich zur Tür und verbarg sich hinter dieser. Die Schritte des Sicherheitsbeamten waren auf dem Flur zu hören. Sie näherten sich. Es war wohl nur ein Mann.

Mit einem werde ich hoffentlich fertig. Thomas dachte grinsend an die Stahlfesseln. Zweifelsohne hatte seine Stärke zugenommen.

Die Schritte hielten genau vor der Tür, hinter der Thomas sich verbarg. Wieder die Stimme des Beamten, die sich leicht nervös anhörte: »Wenn jemand da drinnen ist, gebe er sich bitte zu erkennen.«

Der Sicherheitsbeamte war sich wohl nicht schlüssig, wie er sich nun verhalten sollte. Dann bemerkte Thomas, wie sich die Türklinke nach unten bewegte.

Thomas dachte, er hätte sich besser eine Art Waffe besorgen

sollen, aber im Labor war nach seiner Aktion wohl nichts mehr als Waffe zu gebrauchen. Er bewegte seine Hände und hörte, wie sie leise knackten.

Mitten in der Bewegung erstarrte die Türklinke, wurde dann aber kurz darauf mit voller Wucht aufgestoßen und jemand kam herein gesprungen. Thomas holte erschrocken Luft, fasste sich aber schnell wieder und packte den Beamten am Kragen. Was Thomas nicht bemerkte, war, dass der Sicherheitsbeamte bewaffnet war. Vor Schreck feuerte der Beamte aus seiner Pistole und traf Thomas an seiner Schulter. Thomas ließ den Beamten los und wurde nach hinten geschleudert. Er knallte mit dem Rücken gegen die rückwärtige Wand. Kein Schmerz durchfuhr seinen Körper, aber ihn packte eine unbändige Wut.

Die Pistole war dem Mann aus der Hand gefallen, und in dem Chaos, welches im Raum herrschte, nicht mehr aufzufinden. Die Dunkelheit brachte Thomas einen gewissen Vorteil. Der Beamte lag auf dem Boden und tastete nach der verloren gegangenen Waffe. Thomas erhob sich, ging zu dem Mann und packte ihn mit beiden Händen am Kopf. Der Mann versuchte sich dagegen zu wehren und trat mit seinen Füßen nach Thomas Unterleib. Die Tritte waren aber keine Gefahr. Der Beamte holte gerade tief Luft, wahrscheinlich um nach Hilfe zu rufen. Thomas ließ es nicht dazu kommen. Er hob den Beamten hoch und schlug ihm mit brutaler Gewalt den Kopf gegen die Wand. Man konnte ein lautes Knacken im Schädel des Opfers hören. Blut spritzte an die Wand und der leblose Körper des Beamten sank in sich zusammen. Plötzlich fing Thomas an zu lachen.

»Dr. Freimann, wenn ich nicht so verdammt sauer auf sie wäre, wäre ich ihnen wahrscheinlich dankbar, was sie mit mir gemacht haben.«

Die Hände schlossen und öffneten sich immer wieder, und Thomas starrte voller Ehrfurcht auf sie herab. Unglaublich. Sofort stellte er sich die Frage, ob er mit seiner neu erworbenen Fähigkeit wohl Geld verdienen könnte.

Später, dachte er. Später werde ich mir darüber Gedanken machen, jetzt muss ich erst mal hier raus.

Er verließ den Raum mit dem Toten und rannte in Richtung Ausgang. Ein Fremder hätte sich nach der ersten Kreuzung schon längst verlaufen, aber nicht Thomas. Nach all den Voruntersuchungen, die er hier im Institut für Genforschung über sich ergehen lassen musste, kannte er sich einigermaßen aus und fand den richtigen Weg relativ schnell.

Unterwegs untersuchte er die Verletzung, die er durch die Schusswaffe des Beamten davongetragen hatte, musste aber feststellen, dass es nur noch ein kleiner Riss war. Von Blut war keine Spur. Seltsam. Als er den Ausgang erreichte, fiel ihm ein, dass die Ausgangstür mit Sicherheit verschlossen war, und dies bestätigte sich dann auch bei seiner Ankunft. Er nahm all seine Kraft zusammen, die er meinte aufbringen zu müssen, was eine ganze Menge war, und drückte sich gegen die Stahltür. Die Tür wurde nach außen gedrückt, und als dann die Scharniere nachgaben, krachte sie auf den Boden.

Thomas trat über die Tür hinweg ins Freie. Dahinter befand ein großer Parkplatz, nur nutzbar für Angestellte und Mitarbeiter des Forschungslabors. Sein Blick schweifte über den Parkplatz, jedoch konnte er keine Personen entdecken. Er ging ein paar Schritte auf den Parkplatz zu und schrie dann plötzlich:

»Frei! Freiheit, du hast mich wieder!« Leiser fügte er hinzu: »Dr. Freimann, ich komme und werde sie besuchen. Ich freu mich darauf.« Er grinste und überquerte den Parkplatz. Schließlich verschwand er im nahe angrenzenden Wald.

Die Sonne warf ihre Strahlen auf das Institut. Wolken flogen in bizarren Gestalten am Himmel. Vögel zwitscherten.

Keiner ahnte, was sich in dem Institut zugetragen hatte. Bis jetzt nicht.

8

Die Höhle war riesig. Sie war geschätzte 25m x 50m groß. Dunkelheit war zu jeder Tageszeit zugegen. Hier und da lugten aus dem Erdreich Wurzeln von den oben befindlichen Bäumen heraus. An der Höhlendecke befanden sich ein gutes Dutzend Fledermäuse, die aber keine Geräusche verursachten. Die Fledermäuse schliefen.

In einem kleinen Bereich der unterirdischen Höhle befand sich ein kleiner Bach, der durch eine Höhlenöffnung eintrat und durch eine andere die Höhle wieder verließ. Aber auch der Bach machte keine Geräusche und floss still vor sich hin. Man hörte aus einer Ecke ein eigenartiges Gemurmel. Es war das einzige Geräusch, was zu hören war.

»Sie hätte nicht versuchen sollen, wegzulaufen. Niemand läuft einfach weg, ohne mich zu fragen.« Ein Kichern erklang und dann sagte wieder eine Stimme: »Sie lernen es einfach nicht. Niemals. Ich wollte doch nur lieb und nett sein. Sonnenschein kann doch niemandem was zuleide tun.« Wieder das Kichern.

»Wenn ich ihn nur finden könnte. Er könnte mir helfen.« Stille. Dann abermals die Stimme. »Wobei helfen? Ich hab nichts Unrechtes getan. All die Schlampen haben es verdient. Sie haben über mich gelacht.«

....

»Haben sie wirklich über mich gelacht?«

....

»Ich glaube schon. Bin mir nicht sicher. Aber das ist egal. Sie haben es verdient.

....

»Ich muss ihn finden. Er ist nicht weit. Ich spüre ihn.«

....

»Ich stand ihm schon zweimal gegenüber und er konnte mir nicht helfen. Selbst sein Weibchen gehörte zu diesen verdammten Schlampen Und er? Bei der letzten Begegnung hat er mich sogar bedroht. Ich hätte ihn umbringen sollen.«

....

»Er hatte bestimmt Angst vor mir. Er wollte sich nur wehren.«

....

»Papperlapapp. Ich töte ihn.«

....

»NEIN! Er kann mir vielleicht helfen. Ich spüre, dass er mir helfen kann. Antworten auf Fragen. Ich muss noch mal versuchen, mit ihm zu sprechen.«

Rote Augen blitzten in der Dunkelheit auf. Ein Knurren war zu vernehmen.

»Woher will ich wissen, dass er mir wirklich helfen kann?«

....

»An dem Tag, als wir mit ihm die Kollision hatten, spürte ich tief in seinem Inneren die Antworten auf meine Fragen. Letztendlich kann ich es nicht mit Bestimmtheit behaupten, dass er mir helfen kann, doch ich vertraue auf mein Gefühl.«

....

»Na gut. Die letzte Chance soll er bekommen. Wenn er die vermasselt, wird er sich wünschen, schon längst tot zu sein. Ich werde ihn nämlich dann in Stücke reißen.« Wieder erklang ein Kichern und man spürte den Hass, die Wut und die Bosheit in dieser Stimme.

9

Andreas Stauder schritt unter die Absperrung hindurch und betrat den Tatort. Sein Regenmantel flatterte leicht im eisigen Wind. Es war ungefähr halb acht, und er hatte sich nach dem Notruf nur eine Tasse Kaffee gönnen können. Er war noch müde und hatte von gestern noch einen Kater. Im Klartext: Ihm ging es miserabel. Zusätzlich kam noch dazu, dass seine gestrige Verabredung mit einer gut aussehenden Frau namens Hannelore, welche in der Werbebranche arbeitete, nicht so gut gelaufen war. Er war unkonzentriert gewesen, und die Gespräche, die beide geführt hatten, führten immer wieder in eine Sackgasse, sodass beide übereinkamen, diesen Abend abzubrechen. Danach, als Hannelore gegangen war, hatte er zur Flasche gegriffen und aus Frust angefangen zu trinken. Der Wodka schmeckte ihm nicht, spülte aber den ganzen schlechten Tag mit einer gewaltigen Flutwelle hinfort. Ein Polizeiobermeister trat auf ihn zu und fragte: »Benötigen sie irgendetwas, Herr Kommissar? Sie sehen ja schlimm aus.«

»Ein Kaffee wäre jetzt genau das Richtige. Stark bitte. Am besten sogar den stärksten Kaffee, den sie zu bieten haben. Danke.«

Der Polizist nickte und verschwand zwischen den Leuten von der Spurensicherung. Stauder fasste sich an den Kopf. *Mist, jetzt hab ich vergessen, ihm zu sagen, er solle mir noch eine Kopfschmerztablette mitbringen.*

Seine grauen Augen suchten den Tatort ab. Seine stattliche Figur zeigte trotz seiner Kleidung einen durchtrainierten Körper. Das vierzigste Lebensjahr hatte er vor einem Monat überschritten, doch war ihm sein Alter nicht anzusehen. Braune Haare rahmten sein Gesicht ein und sein Mund wirkte spitzbübisch.

Bedingt durch die Kälte waren seine Wangen in einem leicht rosigen Ton.

Er ging weiter, als plötzlich jemand seinen Arm ergriff. Er drehte sich um und erkannte sofort seinen Kollegen und guten Freund Wolfgang Trauber.

Anspannung war in dem Gesicht von Wolfgang zu lesen. Die Halbglatze glänzte von herabgefallenen Regentropfen.

»Ach, hallo Wolfgang. Was haben wir?«

»Wahrscheinlich etwas, was nicht in unser Ressort fällt. Sieht eher aus, als wenn ein Tier über die Frau hergefallen wäre. Am besten informieren wir sofort die Wildhüter.«

Stauder runzelte die Stirn.

»Ein Tier soll hier eine Frau angefallen haben, und das in der Nähe von München. Sehr unwahrscheinlich.«

»Schau es dir selber an.«

Trauber schritt voran und Stauder folgte.

Auf dem Weg zur Toten bemerkte Stauder, wie Trauber ihn von der Seite her besorgt beobachtete.

»Hast du eigentlich schon in den Spiegel gesehen? Du siehst aus, als wärst du gestern Abend in ein Schnapsglas gefallen. Ist es mit deiner Verabredung nicht so gut gelaufen?«

»Wenn ich ehrlich sein soll, ist es sogar richtig beschissen gelaufen. Wieder eine Verabredung, die ich am liebsten vergessen würde.«

Wolfgang schlug Andreas freundschaftlich auf den Rücken: »Das wird schon. Es gibt so viele Frauen, und irgendwo wirst du schon deine Traumfrau finden. Die Richtige wartet vielleicht nur darauf, von dir irgendwann angesprochen zu werden.«

Wenn es das nur wäre, dachte Andreas. Seit einiger Zeit machten ihm Alpträume zu schaffen, die er vorher nicht gehabt hatte. Einen Teil der Schuld für misslungene Verabredungen schob er auf diese Träume. Sie waren sehr echt, und jedes Mal kam Feuer in ihnen vor. In diesen Träumen hatte er das Gefühl zu verbrennen. Was es mit diesen Träumen auf sich hatte, konnte er nicht nachvollziehen. In seinem ganzen bisherigen Leben waren keinerlei schlechte Erfahrungen mit Feuer geschehen. Einige Male war ihm der Gedanke gekommen, sich von einem Facharzt untersuchen zu lassen, doch diesen Gedanken schob er jedes Mal weit von sich, mit der Begründung, dass die Träume wohl nur stressbedingt waren. Er seufzte.

Von der Seite kam der Polizist mit dem gewünschten Kaffee und reichte ihn Stauder. Stauder bedankte sich. Beim Gehen schlürfte er an dem sehr heißen, aber starken Kaffee.

»Konnte die Leiche eigentlich schon identifiziert werden?« fragte Andreas.

»Nein, leider nicht. Aber ich hoffe, dass die Autopsie darüber Klarheit schaffen wird.«

Andreas nickte und nahm wieder einen kräftigen Schluck aus dem Kaffeebecher, wobei er sich die Zunge verbrühte. Er schnalzte mit der Zunge und verzog sein Gesicht zu einer schmerzerfüllten Grimasse.

Sie erreichten schließlich den Tatort.

Das Szenario war wie in einem Horrorfilm. Ein umgestürztes Fahrrad lag in der Nähe eines Unterholzes. Es war blutverschmiert. Ein ganzer Arm lag neben dem Rad. Die Ränder des abgerissenen Arms wiesen Bisswunden auf. Ein Stück weiter lag eine verstümmelte Leiche. Ein Bein war ebenfalls vom Rumpf abgebissen worden und wies ebenfalls an den Rändern Bisswunden auf. Der Brustkorb war mit ungeheurer Gewalt eingedrückt worden. Am ganzen Körper waren weitere Bisswunden und unter anderem Kratzspuren zu erkennen. In einem Umkreis von ungefähr drei Metern um Leiche und Fahrrad befand sich eine Menge von getrocknetem Blut.

Ein Glück habe ich noch nichts Essbares zu mir genommen, dachte Stauder und würgte die hochkommende Magensäure wieder hinunter. Ein bitterer Geschmack lag auf seiner Zunge. An solche Anblicke konnte er sich nie gewöhnen. Er räusperte sich.

»Was ist deine Theorie, Wolfgang?«

»Tja. Der Gerichtsmediziner schätzt die Todeszeit ungefähr zwischen 4:00 Uhr und 5:00 Uhr morgens ein. Die Todesursache konnte er noch nicht genau definieren. Er sagte aber, es gäbe nur zwei Möglichkeiten. Die erste wäre, das Opfer ist an dem hohen Blutverlust gestorben. Die zweite Möglichkeit wäre, dass durch das Eindrücken des Brustkorbes die Luftzufuhr zugedrückt worden ist. Also im Klartext: Das Opfer ist erstickt. Ich gehe davon aus, dass das Opfer zu besagter Todeszeit auf diesem Weg lang fuhr und aus dem Unterholz von einem Tier überrascht worden ist. Wahrscheinlich ein Wolf. Sie wurde hier...«, er deutete auf das umgestürzte Fahrrad, »angefallen, wobei ihr das Tier den Arm abriss. Dann versuchte sie zu fliehen, kam aber nur bis hier, als das Tier ein zweites Mal zuschlug und das ihren Tod bedeutete.«

Stauder sah nachdenklich aus.

»Bist du anderer Meinung?«, fragte Trauber.

»Mmh. Es könnte so passiert sein, aber denk doch nur einmal daran, wann in dieser Gegend das letzte Mal Wölfe gesichtet worden sind. Außerdem wäre ein Wolf nicht in der Lage, nur mit seinem Gewicht den Brustkorb einer Frau so dermaßen einzudrücken. Was mich weiter sehr stutzig macht ist die Tatsache, dass wenn es ein Wolf gewesen war, ihm nicht beim ersten Angriff dieser Arm als Beutestück gereicht hat. Du bemerkst auch, dass an der Leiche irgendwelche herausgebissenen Fleischstücke fehlen und nur Bisswunden vorzufinden sind. Das ist alles sehr eigenartig.«

»Nach deiner Vermutung zu urteilen, müsste man dann wohl von einem Psychopathen ausgehen.«

»Das ist richtig.«

»Und das wiederum würde bedeuten, dass dieser Fall doch in unser Ressort fällt.«

»Das ist wieder richtig.«

»Der komplette Bericht der Obduktion wird erst frühestens

heute Nachmittag fertig sein. Die Spurensicherung ist noch dabei, irgendwelche Spuren des Täters zu finden.«

»Entschuldigen sie, Herr Kommissar, könnten sie kurz einmal mitkommen. Wir haben da etwas sehr Eigenartiges entdeckt.« Ein Polizist näherte sich den Beiden und machte eine einladende Geste in Richtung des Unterholzes.

Stauder nickte und folgte dem Polizisten, der voranschritt. Trauber trottete hinterher.

Als sie das Unterholz erreichten, zeigte der Polizist auf eine Stelle des Unterholzes, welches von der Spurensicherung vorsichtig von störenden Ästen freigemacht worden war. Zwischen den Büschen und Ästen waren im Erdreich zwei Abdrücke zu erkennen. Die Spuren zeigten annähernd menschliche Fußspuren, wiesen aber eine Anomalie auf. Die Abdrücke sollten im vorderen Bereich normalerweise Zehen darstellen. In diesem Fall zeigten sie aber eindeutig lange Krallen wie die eines Wolfes. Die hintere Stelle der Abdrücke zeigte wiederum eine menschliche Ferse.

»Handelt es sich hier vielleicht um eine Mutation?«, fragte Trauber schockiert.

»Ich weiß es nicht«, gab Stauder zu, »auf alle Fälle stimmt die Größe mit der menschlicher Füße überein. Wir sollten sofort einen Zoologen und einen Experten für den menschlichen Körper heranholen, die sich das genauer betrachten.« Er wandte sich an einen Kollegen der Spurensicherung. »Prüfen sie, ob sich in dem Bereich der Abdrücke noch irgendwelche Haare befinden. Die werden sie dann ins Labor schicken. Ich möchte, dass die gefundenen Beweisstücke noch heute analysiert werden.«

Der angesprochene Polizist nickte und machte sich mit seinen anderen Kollegen sofort an die Arbeit.

»Wir werden das Rätsel lösen und den Täter finden. Davon bin ich überzeugt«, murmelte Stauder.

Ein Handy klingelte, Stauder griff in seine Tasche und drückte auf eine Taste, um das Gespräch entgegen zu nehmen.

Trauber beobachtete ihn.

»Ja.« Stauder hörte dem anderen Gesprächspartner zu und sagte dann: »Ja. Sie sind richtig verbunden. Was gibt's?«

Wieder hörte er dem anderen Teilnehmer zu und seine Augen wurden dabei immer größer.

»Sie sagen ein Mord ist geschehen? Und das in dem Institut für Genforschung?«

Sein Blick erfasste Trauber. Dieser sah ihn fragend an. Stauder hob die Hand und sagte: »Ich werde mich sofort auf dem Weg machen. Rühren sie nichts an, bis wir da sind.« Er legte auf.

»Ich denke, wir könnten ein großes Problem haben. Komm mit, Wolfgang. Ich brauche jetzt seelische Unterstützung.«

Er übergab auf dem Weg zum Wagen den leer getrunkenen Becher einem Kollegen. Als sie aus dem abgesperrten Bereich gingen, kam ihnen schon eine Meute von Reportern entgegen gerannt, welche ihnen ihre Fragen entgegen schrieen. Andreas und Wolfgang liefen zu ihrem Wagen und flohen regelrecht vom Tatort.

10

»Ich hätte gerne eine Tasse schwarzen Kaffee«, bestellte Katja bei der weiblichen Bedienung.
Diese nickte und schrieb etwas auf einen kleinen Notizblock.
Die Bedienung, ein Schildchen auf ihrer Brust wies sie als Jessica aus, blickte fragend auf Karl herab. Er räusperte sich und sagte dann: »Ich hätte gerne auch eine Tasse Kaffee mit viel Zucker und Milch. Dazu ein... nein lieber zwei Eieromeletts, ein Käse- und ein Schinkensandwich. Ein bisschen Müsli. Haben sie Obst?«
Jessica schrieb fleißig mit, starrte Karl jetzt aber entgeistert an. »Wie bitte?«
»Haben sie Obst im Hause?«
»Oh. Äh, ja natürlich.«
Karl schaute sie an. »Dann bitte noch ein paar Trauben und eine Banane.«
Die Bedienung verschwand Richtung Küche und murmelte etwas vor sich hin.
»Sie müssen schon lange nichts mehr gegessen haben.«
»Kann ich nicht genau sagen«, sagte Karl und lachte. »Ich weiß nur, dass ich eine ganze Menge essen könnte, so einen Hunger habe ich.«
»Was haben sie jetzt vor?«
Karl hielt den Brief von Pfarrer Metzler in der Hand.
»Ich werde versuchen noch heute Kontakt mit Pfarrer Metzler aufzunehmen. Die Adresse rauszufinden dürfte ja nicht allzu schwer sein. Und sie?«
»Ein Bett wäre nicht schlecht. Ich bin ganz schön geschafft von der Fahrerei. Es gibt genug Hotels hier in München, wo ich mich für ein oder zwei Nächte einquartieren könnte. Mein

Termin ist erst heute Abend, deshalb kann ich noch etwas ausruhen.«

Karl verspürte eine gewisse Sehnsucht nach einem gemütlichen Bett, doch nicht aus Erschöpfung oder Schlafmangel. So etwas verspürte er überhaupt nicht. Eine ganz entfernte Erinnerung floss so schnell durch seine Gedanken, dass er sie nicht erfassen konnte. Das Gefühl, wieder in einem gemütlichen Bett zu liegen und einfach nachzudenken. Den Gedanken in diesem Augenblick freien Lauf zu lassen und einfach dahin schwelgen, das war die Sehnsucht, die er hatte.

»Das ist eine gute Idee. Darf ich mich ihnen anschließen?«, er bemerkte den überraschten Blick von Katja und fügte hinzu, »schließlich muss ich auch irgendwo einen Schlafplatz haben. Wäre etwas unverschämt, wenn ich zum Herrn Pfarrer gehen müsste und sagen würde ›Herr Pfarrer, wo ist mein Zimmer mit meinem Bett, ach ja und ich hätte noch ein paar Fragen‹. Ich an seiner Stelle würde mich selber in hohen Bogen wieder rausschmeißen.« Mit jedem Wort war sein Grinsen breiter geworden.

Katja lachte schallend los.

Einige Leute der Nachbartische drehten sich kurz um, ließen sich aber schnell wieder in die eigenen Gespräche ein.

»Sie haben echt Humor, Karl«, lachte Katja immer noch, »natürlich können sie sich mir anschließen. In einem Hotel können sie die Adresse vom Pfarrer bestimmt leicht in einem Telefonbuch finden.« Sie wischte sich mit einem Taschentuch ein paar Tränen ab, die durch das Lachen entstanden waren, als dann auch schon die Bedienung mit der Bestellung zu ihrem Tisch herüber kam. Das Essen verlief ruhig und sie unterhielten sich nur noch einmal über die Auswahl des Hotels. Außerdem einigten sie sich, sich gegenseitig zu duzen. Die Bedienung räumte das benutzte Geschirr ab und fragte Karl, ob es geschmeckt hätte.

»Oh ja, war sehr lecker. Ich hätte da noch eine Frage an sie. Können sie uns ein gutes Hotel hier in der Nähe empfehlen?«

»Da gibt es gleich gegenüber das Falldauer Hotel. Hat einen guten Service und ist trotzdem günstig.«

»Danke, können sie bitte die Rechnung bringen?«

»Natürlich.« Die Kellnerin verschwand wieder.

»Sollen wir uns für das Hotel entscheiden oder haben sie noch einen anderen Vorschlag?«, fragte Karl.

»Ich bin einverstanden. Lassen sie uns das Hotel unter die Lupe nehmen.«

Beide bezahlten ihre Rechnung und verließen das Cafe. Auf der anderen Straßenseite befand sich das Hotel, welches sehr eindrucksvoll aussah. Nebenan befand sich ein kleiner Parkplatz, nur nutzbar für Gäste des Hotels. Es bestand aus drei Etagen und besaß im vorderen Bereich eine große Veranda. Gebaut war es aus weißem Marmor und Holzbalken, was so typisch für den bayerischen Baustil war.

Katja und Karl überquerten die Straße und betraten die Eingangshalle. Im Inneren des Hotels ist viel mit Holz gearbeitet worden, was sehr einladend und gemütlich aussah. Sie gingen beide zur Rezeption, und da keiner zugegen war, drückte Katja auf die Schelle, die sich auf dem Tresen befand. Einen kurzen Augenblick später erschien eine ältere Dame, die eine Küchenschürze trug. Sie war mollig, hatte lockige, kurze Haare und stechend blaue Augen. Sie wischte sich gerade die Hände an der Schürze ab und fragte: »Grüß Gott. Mein Name ist Meischl. Mir gehört das Hotel. Ist es ihre Hochzeitsreise?«

Dabei betrachtete sie die beiden mit einem mütterlichen Lächeln, dass sich Katja und Karl gegenseitig verständnislos anschauten.

»Wir sind eigentlich nicht verheiratet«, ergriff Karl das Wort, »wir...«

Katja unterbrach ihn. »Das ist erst unsere Verlobungsreise.« Dabei versuchte Katja das süßeste Lächeln aufzusetzen, zu welchem sie imstande war.

»Oh, ein junges Pärchen auf Verlobungsreise«, sie klatschte

in die Hände und sprang ganz leicht in die Luft, »das ist so romantisch. Sie bekommen natürlich unsere schönste Suite mit Aussicht auf den wunderschönen Speichersee. Wie lange wollen sie bleiben?«

Karl wollte grade antworten, doch Katja kam ihm wieder zuvor.

»Zwei Wochen.«

Karl hob erstaunt seine Augenbrauen und sah Katja entgeistert an. Was geht hier eigentlich vor? Die ältere Dame schrieb fleißig die Daten von dem Ausweis ab, den Katja ihr gegeben hatte, und Karl verstand jetzt, warum sie diese Show mit der Verlobung abgezogen hatte. Er besaß keinerlei Papiere und hätte somit auch kein Zimmer mieten können. Er räusperte sich und die Dame schaute von ihren Unterlagen auf.

»Ich hätte da eine Frage. Könnten sie mir vielleicht ein Telefonbuch geben. Ich habe einen alten Freund in München und wollte ihn anrufen, hab aber seine Nummer zu Hause vergessen.«

»Das ist doch kein Problem«, sie reichte ihm ein Telefonbuch und zeigte auf ein Münztelefon, welches sich auf der rechten Seite der Halle befand. Er nickte und bedankte sich. Dann begab er sich zu dem Münztelefon. Nach einer kurzen Suche in dem Telefonbuch hatte er den Namen Metzler gefunden. Den Namen gab es 27-mal in München. Glücklicherweise gab es nur einen Pfarrer Metzler. Karl warf ein paar Münzen ins Münztelefon und hörte das Freizeichen. Dann wählte er die angegebene Nummer. Nach kurzer Zeit meldete sich eine angenehme Männerstimme:

»Pfarrer Metzler. Pfarrbüro Gregor.«

»Guten morgen, Herr Pfarrer. Hier spricht Karl.« Mehr sagte er nicht, weil er nicht wusste, was er noch sagen sollte. *Mist, ich hätte mir vorher überlegen sollen, was ich sagen sollte.* Es war still am anderen Ende der Leitung. Dann plötzlich überschlug sich die Stimme fast.

»Karl, mein Gott, wo bist du? Ich dachte schon, du wärst tot.

Du musst sofort zu mir kommen. Wir müssen etwas Wichtiges besprechen. Mann, ich kann es nicht fassen.« Die Stimme des Pfarrers beruhigte sich.

»Ich befinde mich in München und bin im Falldauer Hotel untergebracht.«

»Das ist sehr gut. Ich komme zu dir. In etwa zwei Stunden bin ich bei dir. Geht es dir gut?«

Karl schaute an sich herab. »Den Umständen entsprechend.«

»OK. Wir sehen uns gleich. Hast du den Schlüssel dabei?«

»Den Schlüssel? Welchen Schlüssel?«

»Mach jetzt keinen Quatsch, Karl. Den Schlüssel, den du bei dir haben müsstest.«

Jetzt erst fiel Karl ein, welchen Schlüssel der Pfarrer meinen könnte. Er tastete in seiner Hosentasche und spürte den Schlüssel.

»Ach ja. Der Schlüssel. Ja, den hab ich noch.«

»Gott sei Dank. Also dann bis gleich.«

»Ja, bis gleich.«

Beide legten auf. Was gab es so Wichtiges an dem Schlüssel? Wieder waren neue Fragen aufgetaucht, die sich aber hoffentlich in etwa zwei Stunden alle beantworten ließen. Katja war in der Zeit mit der Anmeldung fertig geworden und kam nun hinüber.

»Und, wie ist es gelaufen?«

»Er kommt in zwei Stunden vorbei.«

»Na dann sollten wir die Zeit nutzen und etwas Sinnvolles tun.«

»Und das wäre?«, fragte Karl mürrisch.

»Etwas Schlafen, eine erfrischende Dusche nehmen und aller Hoffnung in die Zukunft blicken.«

Sie drehte sich um und ging auf die Treppe zu, die in die oberen Stockwerke führte. Dabei summte sie eine Melodie, die Karl vollkommen unbekannt war. Wahrscheinlich gerade ausgedacht. Seine Schritte führten ihn schließlich auch zu der Treppe und er ging in die Richtung, in die er ihr Zimmer vermutete.

Eine kalte Dusche wäre jetzt genau das Richtige. Und danach Schlaf, obwohl ich eigentlich keinen brauche. Na ja, einen Versuch ist es Wert.

11

Das Institut für Genforschung befand sich knapp eine halbe Stunde vom Speichersee entfernt. Kaum saßen Andreas und Wolfgang im Wagen, telefonierte Andreas mit einem Kollegen, der ähnlich geschehene Mordfälle in München und Umgebung aus dem Polizeicomputer herausfiltern sollte. Als das Gespräch beendet war, fasste sich Andreas an die Stirn. Der Kater war noch nicht vorbei und die Kopfschmerzen verhinderten klares Denken.

»Du hast nicht zufällig eine Aspirin dabei?«, fragte Andreas.

»Doch. Glücklicherweise«, antwortete ihm Wolfgang.

Stauder atmete tief durch. Wolfgang reichte ihm die Packung, die er aus seiner Tasche entnommen hatte.

»Meinst du der Mord im Institut hat irgendetwas mit dem Mord am Speichersee zu tun?«

»Wir werden sehen«, sagte Stauder.

Er hatte ein bestimmtes Gefühl, dass beide Morde in irgendeinem Zusammenhang standen. Die Fußabdrücke ließen ihn einfach nicht los. Halb Mensch, halb Wolf. Eine Mutation, die vielleicht nicht natürlichen Ursprungs war. Nicht sein durfte. Die Natur würde bei einer natürlichen Ursache einen Verrat an sich selbst begehen. Nein. Er war der festen Überzeugung, dass Menschen mit dem Drang nach Forschung die Hände im Spiel haben mussten. Das wäre plausibel und würde auch zur momentanen Situation passen.

Wolfgang lenkte den Wagen auf den großzügig angelegten Parkplatz, der für die Angestellten und Mitarbeiter des Instituts vorgesehen war. Sie stiegen aus und überquerten den Parkplatz, um so den Eingang zu erreichen. Vor dem Eingang stand schon ein Polizeiwagen.

Als sie den Eingangsbereich betraten, begrüßte sie schon eine Gruppe von aufgeregten Sicherheitsbeamten, die sich mit zwei in Uniform gekleidete Polizisten unterhalten hatten.

Einer der Sicherheitsbeamten, die im Institut für Genforschung arbeiteten, führte die beiden Beamten durch die Flure des Instituts. Trauber und Stauder sahen sich öfters an. Stauder lief ein Schauder über den Rücken, wenn er an dieses Institut dachte. Und das, was in diesem geforscht wurde. Er war der Meinung, man sollte die Natur so belassen, wie Gott sie erschaffen hatte. Die Gene, ob es nun menschliche, tierische oder pflanzliche waren, sollten nicht verändert werden. Ein Artikel in einem Wirtschaftsmagazin, den er vor etwas längerer Zeit gelesen hatte, hatte ausgesagt, dass es bald möglich wäre, Tomaten so groß wie Kürbisse zu züchten. Dank der Genforschung sollte es bald möglich sein, auch die Hungersnot in den dritten Ländern mit Erfolg zu bekämpfen. Stauder war skeptisch. Das sollte doch nur ein weiterer Grund sein die Genforschung weiter durch den Staat oder durch gütige Sponsoren finanzieren zu können. Mit Sicherheit hatte auch in gewisser Weise das Militär seine Hände im Spiel. Menschliche Gene soweit verändern, dass aus normalen Bürgern Killermaschinen wurden. Er schüttelte sich. Unglaubliche Vorstellung.

»Alles in Ordnung? Du siehst so aus, als hättest du ein Gespenst gesehen.«

»Ich wäre froh, wenn es nur das wäre, Wolfgang.«

Trauber runzelte die Stirn.

»Hier ist es.«

Der Sicherheitsbeamte war stehen geblieben und deutete auf eine offene Tür. In dem Raum dahinter war es von den Neonleuchten an der Decke hell erleuchtet.

Es bot sich ein Bild des Grauens. Noch war keiner von der Spurensicherung oder ein Gerichtsmediziner vor Ort, denn die beiden Beamten, die sich immer noch im Eingangsbereich aufhielten und die Sicherheitsbeamten beruhigten, waren die Ersten gewesen, die das Institut erreichten. Beide Blicke der Beamten weiteten sich vor Schreck, aber nur für einen kurzen Augenblick. Dann hatten sie ihre Fassung wiedergewonnen und sahen mit prüfenden Blicken in den Raum.

Es gab eine Menge Regale und Tische, die den Raum füllten, jedoch waren alle zerstört. Der Boden war übersät mit Glassplittern, zerbrochenen Flaschen und kaputten Geräten. Auf einer Seite der Wand befand sich eine Vorrichtung, die komplett aus ihrer Verankerung herausgerissen worden war. Sie bestand aus massivem Stahl. An den vier Enden dieser Vorrichtung befanden sich zerfetzte Stahlfesseln. Im Allgemeinen glich der Raum einem Chaos, in dem man nur schwer etwas Vernünftiges erkennen konnte. Nur einen Meter von der Tür entfernt lag eine Leiche auf dem Boden. Man konnte eine große Wunde am Kopf der Leiche erkennen, und Stauder erkannte, dass der Kopf der Leiche mit voller Wucht gegen die Wand geschlagen worden war. Blutspritzer bedeckten einen Teil der Wand und der Decke. Stauders Blick glitt weiter durch den Raum und verharrte bei einer Pistole, die bei einem abgerissenen Stuhlbein lag. Sein Blick wanderte zurück zur Leiche, wobei er eine Patronenhülse entdeckte. Die Patronenhülse war durch die Lichtverhältnisse leicht zu erkennen. Sie reflektierte das Licht, und es kam einem vor, als würde sie glitzern. Die Stirn Stauders runzelte sich und er schaute nachdenklich in den Raum.

Sein Blick richtete sich auf den Sicherheitsbeamten, und er fragte ihn: »Hat jemand den Raum betreten oder irgendwelche Veränderungen vorgenommen?«

Der Sicherheitsbeamte hob beide Hände an die Brust, als wenn er was abwehren wollte. »Um Himmels willen, nein, Herr Kommissar. Lukas... äh, ich meine Herr Schulz, der die Leiche entdeckte, hat nur gesagt, er hätte das Licht angeschaltet.«

Nachdenklich kratzte sich Stauder an der Stirn. Also hatte der Kampf im Dunkeln stattgefunden. Er suchte die Wand nach einem Einschussloch ab, fand aber keins. Wieder runzelte er die

Stirn. »Wer arbeitet normalerweise in diesem Labor?«

»Professor Dr. Freimann, soviel ich weiß. Er ist auch schon benachrichtigt worden. Herr Freimann dürfte jetzt auf dem Weg hierher sein.«

»Gut. Ich möchte, dass sie als Wache hier bleiben. Keiner darf ohne meine ausdrückliche Genehmigung diesen Raum betreten. Haben sie das verstanden?«

In den Augen des Sicherheitsbeamten war die nackte Panik abzulesen.

»Hier bleiben?«

»Ja, hier bleiben. Ist das ein Problem?«

»Ähm. Nein. Absolut nicht.«

Er fingerte nervös an seinem Halfter herum und sah sich hektisch um.

»Ich werde sobald ich oben bin, einen Kollegen von ihnen herunterschicken, um sie zu unterstützen.«

Trauber musste sich ein Grinsen verkneifen.

Sie wandten sich um und gingen den Weg zurück, den sie hergekommen waren.

Im Erdgeschoss des Instituts wartete schon der Gerichtsmediziner. Stauder wechselte kurze Worte mit dem Mediziner und wies dann Trauber an, den Mediziner und einen weiteren Sicherheitsbeamten in den Raum, in dem sich der Tatort befand, zu begleiten.

Als die drei Personen gerade im Aufzug verschwanden, tauchte im Eingangsbereich ein gut statuierter, älterer Herr auf. Er wirkte auf Stauder aufgeregt und fuhr einen Sicherheitsbeamten, der an der Eingangstür stand, an. Was er sagte, konnte Stauder jedoch nicht verstehen. Der Sicherheitsbeamte zeigte mit einer Geste auf Stauder, woraufhin der ältere Herr ohne Umschweife auf ihn zumarschierte. Stauder betrachtete den Mann genauer.

Er hatte volles Haar, welches aber schon vollständig ergraut war. Seine Augen hatten ein tiefes Blau und sein Blick war eiskalt. Dieser Mann würde sogar über Leichen gehen, um sein

Ziel zu erreichen, schoss es dem Kommissar durch den Kopf. Das Alter des Mannes schätzte Stauder auf gute 55 Jahre. Trotz seines wahrscheinlich gehobenen Alters, wirkte er trotzdem stark. Ob er wohl in diesem Alter noch ins Fitnessstudio geht? Sein Anzug bestand aus einem feinen, braunen Jackett, darunter lugten ein weißes Hemd und eine passende Krawatte hervor. Die Hose war ebenfalls in Braun gehalten, jedoch etwas heller als das Jackett. Dazu schwarze Lackschuhe. Ein Außenstehender würde bei seinem Anblick sofort an einen Bankkaufmann oder einen erfolgreichen Immobilienmakler denken. Doch der Schein trog.

»Sind sie Kommissar Stauder?«

Ohne irgendeine Begrüßungsfloskel kam dieser Mann sofort auf die Fragen, die ihn interessierten. Sehr unsymphatisch.

Stauder grinste. »Wer möchte das denn wissen?«

Der Mann schnappte nach Luft. Mit fast übergeschnappter Stimme fuhr er den Kommissar an: »Sie wissen nicht, wer ich bin? Ich bin Professor Dr. Freimann.«

»Na das ist doch super. Ich möchte sie bitten, mit mir in ein ungestörtes Büro zu gehen und mir dort ein paar Fragen zu beantworten.« Die Ironie in der Stimme Stauders war nicht zu überhören. Die Augen des Professors versprühten Zorn.

»Wie können sie es wagen, mich zu verhören, denn etwas Anderes wird das wohl nicht sein. Ich möchte als Erstes wissen, was hier geschehen ist. Ich werde sofort in mein Labor gehen und sehen, was die Ursache dieses Verhaltens ist.«

Langsam stieg auch in Stauder Wut auf. Sich mit so einem arroganten Kerl zu unterhalten, wo er doch schon genug Stress hatte.

»Hören sie. Hier ist ein Mord geschehen, und wenn sie mir jetzt nicht folgen und mir dann meine Fragen beantworten, lasse ich sie wegen Behinderung der Polizeiarbeit vorerst festnehmen. Haben wir uns jetzt einigermaßen verstanden?«

Der Professor holte wieder tief Luft, um dem etwas entgegen

zu setzen, besann sich aber eines Besseren.

»Also gut«, sagte er kleinlaut.

Die beiden gingen in eines der nächstgelegenen Büros, in denen die Sicherheitsbeamten einige Vorbereitungen getroffen hatten, um die Leute von der Polizei mit Kaffee zu versorgen.

Stauder goss sich eine Tasse Kaffee aus einer Thermoskanne ein. Er fragte den Professor extra nicht, ob dieser auch eine Tasse haben wollte. Sollte er sich doch selber bedienen. Er setzte sich an einen runden Tisch und der Professor setzte sich ihm gegenüber. Die Aktentasche, die der Professor bei sich hatte, legte er auf den Tisch vor sich ab.

Beide sahen sich an, aber keiner sprach ein Wort. Die Luft im Raum wurde dicker, so als würde jemand die Luftzufuhr im Raum langsam abdrehen.

Schließlich räusperte sich Professor Freimann und sagte:

»Was genau ist also geschehen? Sie wollten mir doch Fragen stellen und sie sprachen von einem Mord.« Die Stimme war jetzt ganz ruhig, doch die Augen schossen immer noch die Kälte von Eis in den Raum.

Stauder nahm einen kräftigen Schluck aus seiner Kaffeetasse und hätte sich fast die Zunge verbrüht. Als er die Tasse abstellte und mit der Zunge schnalzte, sah er den Professor wieder an.

»In ihrem Labor wurde ein Sicherheitsbeamter tot aufgefunden.«

»Mmh.«

»Was heißt hier ›mmh‹?« Langsam aber sicher verlor jetzt Stauder seine Fassung und schaute den Professor entgeistert an. Der benimmt sich als wäre in seinem Labor eine tote Fliege aufgefunden worden, die von einer Fliegenklatsche erschlagen worden ist. Er schaute den Professor grimmig an und fuhr fort:

»Sie tun so, als wäre das etwas Alltägliches. Haben sie überhaupt verstanden, was ich eben sagte?«

Keine Antwort. Die Finger des Professors trommelten ungeduldig auf dem runden Tisch.

»Na gut. Wie sie wollen. Dann kommen wir am besten zu meinen Fragen.« Stauder zog einen kleinen Notizblock und einen Kugelschreiber aus seiner Jackentasche.

»Woran arbeiten sie zurzeit?«

Die eiskalten Augen des Professors durchbohrten den Blick Stauders.

»Was soll die Frage? Was hat meine Arbeit mit dem Mord zu tun?«

»Beantworten sie mir einfach nur meine Frage.«

»Sie lassen mir wohl keine andere Wahl«, der Professor beäugte den Kommissar kurz und fing dann an, einen Vortrag über seine Arbeit zu halten, so als wäre Stauder ein Student.

»Die Genforschung versucht seit Jahrzehnten die Gene des menschlichen Körpers zu entschlüsseln. In der letzten Zeit häufen sich die Erfolgsfälle. Das Klonen von Tieren, hier sei vor allem das Schaf ›Dolly‹ genannt, war ein Erfolg für die Wissenschaft. Doch in diesem Bereich gibt es mit Sicherheit noch Probleme, die herausgefiltert werden und dann eliminiert werden müssen. Die Entschlüsselung der menschlichen Gene ist auch ein Erfolg für die Wissenschaft. Aber auch hier muss nun konsequent überlegt werden, wie man mit dieser neuen Information weiter verfahren wird. Nun könnten defekte Gene mit intakten, künstlichen Genen ausgetauscht werden, was der Medizin absolut neue Wege offenbart.

Krankheiten können dann effektiver behandelt werden. Erste Erfolge gibt es auch hier. Mit welcher Frage ich mich aber schon sehr viele Jahre beschäftige, ist die Frage der Manipulation von Genen. Ist es möglich, die Gene, ob von Pflanzen, Tieren oder Menschen sei mal dahin gestellt, zu manipulieren? Einige Wissenschaftler schafften es, die Gene bestimmter Gemüsesorten so zu manipulieren, dass sie größer werden. Ein weiterer Schritt für die Menschheit. Ich persönlich habe mir die Lebensaufgabe gestellt, einen Weg zu finden, die menschlichen Gene so zu manipulieren, dass wir bald effektivere Menschen werden. Stellen sie sich einmal vor, sie könnten 100-mal besser hören als jetzt. Ihre Augen wären schärfer als die eines Bussards. Der Geruchssinn würde Gerüche aufnehmen, die sonst ein menschlicher Geruchssinn niemals wahrnehmen könnte. Ihre Kraft wäre so groß, dass sie Bäume mit den bloßen Händen herausreißen könnten. Es wäre nicht nur ein Durchbruch der Wissenschaft, sondern es gäbe einen Sprung der Evolution.

Man muss versuchen, einen Weg zu finden, die Gene zu manipulieren. Sie müssen in sich selber verändert werden. Und dazu braucht man einen Impuls. Etwas, das die Gene dazu veranlasst, eine bestimmte und gewollte Veränderung vorzunehmen. Ich stehe kurz vor dieser Entdeckung. Ich habe einen Impuls gefunden, der die Gene verändern lässt. Heute Morgen gab ich einem jungen Mann, Thomas Langer, eine Injektion. Er hatte sich letzte Woche freiwillig zu diesem Experiment gemeldet. Ich musste ihn natürlich absichern, damit er nicht sich oder andere gefährdet. Ich schloss ihn in meinem Labor an eine Vorrichtung, die ich extra für dieses Experiment herstellen ließ«, der Professor beugte sich vor und sah dem Kommissar ins Gesicht, »es wäre vielleicht angebrachter, Thomas Langer zu verhören und nicht mich.«

»Das würden wir unheimlich gerne tun, wenn wir wüssten, wo er sich aufhält. In ihrem Labor hält er sich jedenfalls nicht auf.«

Die Augen des Professors wurden groß. Er sprang vom Stuhl auf und fuhr den Kommissar an: »Was soll das heißen, er ist nicht da? Die Stahlfesseln wären fähig gewesen einen Elefanten festzuhalten.«

»Das kann ja sein, aber er ist nicht in ihrem Labor. Ich möchte ihnen noch etwas mitteilen...«, dabei beugte sich Stauder über den Tisch, »...wenn sie keine Genehmigung für ein Experiment mit einem Menschen haben, auch wenn er sich freiwillig zur Verfügung gestellt hat, würde ich mir an ihrer Stelle einen sehr guten Anwalt nehmen. Es scheint ja, dass ihr Experiment ziemlich harte Folgen aufweist.«

Es klopfte an der Tür. Beide drehten ihren Kopf zur Tür und Stauder sagte: »Herein.«

Die Tür öffnete sich und Trauber kam herein.

»Die Kollegen von der Spurensicherung sind mittlerweile eingetroffen und die haben schon etwas sehr Interessantes gefunden.«

In der Hand hielt Trauber ein Bündel Manuskripte, die in einer durchsichtigen Folie eingepackt waren. Er kam zu Stauder rüber und legte das Bündel vor ihm auf den Tisch.

»Was ist das?«, fragte Stauder.

»Es sind Manuskripte, die sich im Drucker befanden. Sie scheinen Daten über irgendein Experiment zu enthalten.«

»Das sind die Auswertungen, die der Drucker auf meinen Befehl hin ausgedruckt hat. Sie enthalten alle möglichen Auswertungen über das Experiment mit Thomas Langer«, mischte sich der Professor ein. Seine Augen glänzten. »Das sind sozusagen die Ergebnisse.«

Stauder nickte und nahm die Papiere aus der Folie. Das Bündel bestand aus knapp 8 Blättern und das Meiste waren wissenschaftliche Ausdrücke, die Stauder nicht verstand. Er schob das Bündel dem Professor entgegen und sagte: »Dann übersetzen sie mal dieses Kauderwelsch.«

Gierig griff der Professor nach dem Bündel Manuskripte und studierte sie eingehend. Nach etwa 10 Minuten legte er die Blätter zur Seite und fing an zu erklären: »Ich versuche es für sie so einfach wie möglich zu erklären. Der Computer hat aufgrund bestimmter Daten analysiert, dass Herr Langer in bestimmten Bereichen eine gewisse Anomalie aufweist. Sein Sehvermögen hat beträchtlich zugenommen. Dies scheint vor allem, laut der Aussage des Computers, auf Dunkelheit zuzutreffen. Die Muskelpartien sind ausgedehnt und verhärtet. Das bedeutet wiederum, dass er stärker geworden ist. Sehr viel stärker. Seine Stärke hat um 350% zugenommen. Nun komme ich zu einem Punkt, der das hier Geschehene vielleicht erklären könnte. Die Aggressivität von Herrn Langer ist außerordentlich hoch.«

Der Professor lächelte. Hatte dieser schäbige Professor sein Ziel erreicht? Konnte er menschliche Gene verändern, so wie es ihm beliebte? Stauder schauderte.

»Wolfgang, finde alles was nur möglich ist über diesen Thomas Langer heraus. Vielleicht haben wir bald einen Schuldigen.«

Stauder wandte sich wieder an den Professor: »Wann haben sie heute Morgen das Institut verlassen?«

Der Professor überlegte kurz: »Na ja, ich schätze so um 5:30 Uhr.«

Stauder versank in Gedanken. *Konnten die beiden Morde einen Zusammenhang haben? War es vielleicht ein- und derselbe Täter gewesen? Unmöglich. Der Mord am Speichersee war früher. Außerdem hatte der Professor nichts von einem Wolf erwähnt. Oder lügt der Professor mit seiner Zeitangabe und in Bezug auf sein Experiment? Aber wenn ja, warum sollte er das tun?*

Eins war auf jeden Fall klar: Er musste diesen Thomas Langer finden. Und das am besten möglichst schnell, bevor noch ein Unglück geschieht und eine unschuldige Person getötet wird.

»Ich muss ihnen leider mitteilen, dass sie nicht in ihr Labor können und sie bei sich zu Hause auf Weiteres warten müssen, Herr Professor.«

Der Professor nickte. »Ich werde sowieso erst einmal über die Ergebnisse nachdenken müssen. Ich werde einem ihrer Kollegen meine Adresse mitteilen. Auf Wiedersehen, Herr Kommissar. Ich wünsche ihnen viel Erfolg bei ihren weiteren Untersuchungen.« Es war ein wenig Sarkasmus in der Stimme des Professors zu hören.

Der Professor verschwand aus dem Raum und ließ den Kommissar alleine zurück.

12

Karl stand auf einer verlassenen Landstraße. Die Sonne stand hoch am Himmel und sandte ihre heißen Strahlen auf die Erde. Der Wald auf der rechten Seite war in voller Blüte. Große Tannen und vereinzelte Ahornbäume ragten in den Himmel. Auf der linken Seite befand sich eine Weide mit kniehohem Gras. Dazwischen wuchsen Löwenzahn, Butterblumen, Disteln, Kleeblätter und Brennnesseln. In weiter Ferne war auf der anderen Seite der Weide ein Bauernhaus zu erkennen. Keine Autos befuhren die Straße. Was tat er hier? Gerade war er noch in seinem Hotelzimmer gewesen und jetzt befand er sich in einer Gegend, die ihm auch noch irgendwie bekannt vorkam. Eigenartig. Das musste wohl ein Traum sein. Es war sehr warm und er fing an, zu schwitzen. Daraufhin stellte er sich gleich die nächste Frage: *Kann man in einem Traum schwitzen?* Es kam ihm alles sehr realistisch vor.

Er drehte sich einmal um sich selbst. In einer Richtung machte die Landstraße nach wenigen Hundert Metern einen Knick. Die Kurve verschwand in einem 90-Grad-Winkel hinter einem Hügel.

Sein Blick wanderte wieder zum Himmel, und er stellte fest, dass die Sonne schon den Horizont berührte. Die Abenddämmerung setzte ein. Die Zeit verging hier wohl anders als im richtigen Leben.

Plötzlich hörte er ein Motorengeräusch. Es kam aus der Richtung des kleinen Hügels. Gleichzeitig erschien ein Fahrzeug aus der anderen Richtung und fuhr mit hoher Geschwindigkeit auf Karl zu. Karl ging zum Straßenrand und beobachtete von dort aus das herannahende Auto. Als es schon sehr nah herangekommen war, erkannte er rot glühende Augen hinter der

Windschutzscheibe. Sie sahen ihn auch und das Fahrzeug wurde langsamer.

Mittlerweile war es dunkel geworden, und die Scheinwerfer wurden angeschaltet. Geblendet sah Karl von den Scheinwerfern weg und von einer Sekunde zur anderen war das Auto an ihm vorbei geschossen. Das Auto raste auf die Kurve zu. Die Motorengeräusche jenseits des Hügels waren indes lauter geworden. Man konnte schon ein paar Scheinwerfer erkennen, die auch auf die Kurve zu hielten. Dann war es soweit. Das andere Auto hinter dem Hügel erschien in der Kurve und gleichzeitig erreichte das andere Fahrzeug den Anfang der Kurve. Beide stießen frontal zusammen und verkeilten sich ineinander. Karl konnte nicht mehr erkennen, welches Fahrzeug welches war. Sie überschlugen sich beide ein paar Mal und man hätte meinen können, die Fahrzeuge wollten einen Tanz aufführen. Sie knallten beide gegen eine große Tanne. Ein Fahrzeug fing Feuer und die Flammen tanzten um das Fahrzeug herum. Er hatte dieses Szenario schon einmal miterlebt. Aber wo und wann?

Karl wurde schwindlig. Seine Gedanken kreisten so schnell in seinem Kopf, dass ihm übel wurde.

Ein Unfall. Sein Unfall. Viel Feuer. Hitze. Splitterndes Glas. Krallen. Hände. Rote, glühende Augen. Ein boshaftes Kichern. Schmerz in der Schulter. Rasiermesserscharfe Zähne in der Schulter. Wieder ein Schmerz. Ein Brennen in seiner Kehle. Flüssiges Feuer. Schmerz. Immer wieder Schmerz. Und diese roten Augen. Dann andere Gedanken. Liebe. Seine Frau. Zärtliche Küsse. **Sara.** Dann wieder die roten Augen. Diesmal schauten sie ihn aber erstaunt an. Dann waren sie weg. Vorbei. Alles vorbei. Er schloss die Augen.

Nach geraumer Zeit öffnete er wieder die Augen und erschrak.

Er sah in kein Feuer mehr. Auch die roten Augen waren verschwunden. Es gab kein Anzeichen von Bäumen, einer Weide, einer Landstraße oder einem Unfall. Der Saal, in dem er sich befand, gehörte einer Kirche an. Karl stand am Eingang der Kirche und sah geradeaus zu einem Altar. Rechts und links zogen sich die Holzbänke entlang, bis hin zum Altarraum. Vor dem Altarraum stand ein Podest, auf welchem ein schwarzer Sarg stand. Neben dem Sarg waren Kerzen angezündet worden, und die Lichter warfen seltsame Schatten auf die Wände. Blumen, Kränze und Gedecke schmückten den Boden vor dem Sarg. Etwas lag in der Luft, doch es war nichts Beunruhigendes. Karl kam diese Umgebung irgendwie vertraut vor, konnte sie aber nicht einordnen.

Karl ging langsam auf den Sarg zu. Er fürchtete, etwas in dem Sarg zu sehen, was ihn erschrecken könnte, aber seine Neugier war größer. Außerdem hatte ihn sein Verstand mit Sicherheit nicht ohne Grund an diesen Ort gebracht.

Seine Schritte hielten inne, als er den Sarg erreichte. Er blickte hinein und starrte in das Gesicht einer Frau. Seiner Frau. Das wurde ihm sofort klar. Sie war in ein weißes, seidenes Kleid gehüllt und um den Hals trug sie eine Kette. Auf dem Anhänger der Kette war ein loderndes Feuer abgebildet.

Im rechten Augenwinkel nahm er eine Bewegung wahr, und ein Luftzug ließ die Kerzen aufflackern. Er drehte sich um, fand die Kirche aber leer vor.

Was war das, dachte er.

Hallo Karl.

Die Stimme ertönte hinter ihm, doch als er sich umdrehte stand dort keine Menschenseele.

»Wer ist da?«

Seine Stimme hallte von den Wänden ab und wurde dadurch um ein vielfaches lauter. Es hörte sich unheimlich an.

Ich bin es. Erkennst du meine Stimme nicht?

Schon wieder hinter ihm, aber auch, als er diesmal herumwirbelte, konnte er niemanden entdecken.

»Zeige dich, wer immer du auch sein magst«, rief Karl.

Das ist leider nicht möglich, so gerne ich mich dir auch zeigen möchte.
»Bist du ein Geist in meinem Traum?«
So könnte man mich wohl beschreiben.
»Und was willst du von mir?«
Ich möchte dich warnen. Jemand ist auf deinen Spuren und versucht, dich einzuholen.
»Wer?«
Wer, das weiß ich nicht. Aber gebe auf dich Acht. Er ist böse. Sehr böse.
Jetzt erkannte er plötzlich, dass es sich um eine weibliche Stimme handelte. Eigenartigerweise vertraute er ihr, ohne darüber groß nachzudenken. Ihm kam die Stimme auch irgendwie bekannt vor. Wo hatte er sie schon mal gehört? Kannte er die Person, die hinter dieser Stimme steckte?
»Was will er von mir?«
Er will dich finden und dich um Hilfe bitten. Du wirst ihm diese Bitte aber verwehren. Und dann versucht er dich zu töten. Weil du ihm nicht hilfst. Du wirst dich ihm stellen müssen, denn sonst jagt er dich als wärst du ein Beutestück. Du wirst ihn töten müssen, denn sonst wirst du sterben. Das Feuer wird dir helfen. Er hat Angst vor Feuer. Und nicht nur vor dem Feuer. Er will es sich selbst nicht eingestehen, aber er hat auch Angst vor dir.
»Von was für einem Feuer sprichst du? Wo finde ich das Feuer, welches mir hilft?«
In deinem Inneren. Die Stimme wurde leiser. *Gehe in dich. Du hast die…*
Die Stimme brach ab, und etwas zerrte an seinem Arm. Alles verschwamm plötzlich und ein grelles Licht blendete ihn. Karl konnte die Augen nicht länger offen halten und er schloss sie abermals. Eine andere Stimme erklang aus weiter Ferne und rief:
»Wach auf, Karl!« Sie wurde lauter und lauter. Seine Augen öffneten sich und sein Oberkörper schnellte in die Höhe.

»Es ist alles Okay, Karl. Du hast im Schlaf gesprochen. Was es war, konnte ich nicht verstehen. Als du dann so eigenartig aufgestöhnt hast, als hättest du Schmerzen, da musste ich dich einfach wecken.«

Katja saß neben ihm auf dem Bett und hielt seine Hand. In ihrem Blick lag echte Besorgnis.

Karl fuhr sich mit der anderen Hand durchs Gesicht und stellte fest, dass er nass geschwitzt war. Ein dumpfer Schmerz kam aus seiner rechten Schulter und ihm war ein bisschen übel.

Er stand auf, murmelte etwas, marschierte zielstrebig ins Bad und schloss die Tür hinter sich. Katja runzelte die Stirn.

»Ist alles in Ordnung?«

»Ja, alles bestens«, antwortete Karl.

Das kalte Wasser kühlte sein Gesicht. Mit einem Handtuch trocknete er sich ab und zog sein T-Shirt aus. Ihm fiel sofort die Wunde an der rechten Schulter auf. Die Wunde war eindeutig durch einen Biss verursacht worden. Es musste ein Hund gewesen sein, oder jedenfalls etwas in der Art. Mit etwas Fantasie hätte man meinen können, die Wunde sähe wie eine lodernde Flamme aus.

Das Feuer wird dir helfen. Aber was für ein Feuer?

Er schaute in den Spiegel und betrachtete sein Gesicht, besonders seine gelben Augen. In ihnen loderte auch etwas, und es sah ebenfalls aus wie eine lodernde Flamme. Karl dachte an den ersten Teil seines Traumes, und ihm wurde jetzt klar, von wem die Stimme gesprochen hatte.

Krallen. Rot glühende Augen. Rasiermesserscharfe Zähne.

Das sollte ein *er* sein. Hörte sich eher wie ein *es* an. Ein Monster. Eine Bestie. Eine Ausgeburt der Hölle.

Seine Augen wurden plötzlich größer und er hauchte erstaunt: »Sara.«

Die Stimme, mit der er sich in der Kirche unterhalten hatte, gehörte seiner verstorbenen Frau. Es fiel ihm wie Schuppen von den Augen. Unglaublich. Wurde er langsam verrückt? Ohne

Zweifel. Wie sonst hätte er diesen sehr realen Traum erklären können?

Er hörte, wie jemand an die Zimmertür klopfte. Katja machte auf und die Stimme der Frau von der Rezeption sagte: »Ein Herr Pfarrer Metzler ist gerade angekommen und möchte mit ihrem Verlobten sprechen.«

»Oh, danke. Wir werden sofort herunterkommen.«

Metzler war da. Es würden sich endlich Fragen klären, die ihm auf dem Herzen lagen. Glück könnte ihm auch helfen. Dafür wurde es höchste Zeit.

13

Thomas schaute sich in seinem kleinen Appartement um. Ihm war auf dem Weg Einiges klar geworden. Er musste aus München weg. Am besten sogar aus Deutschland. Oder sogar aus Europa. Er hatte einen Mord begangen und war nun ein Mörder. Dass der Sicherheitsbeamte tot war, daran zweifelte er nicht. Seine Überlegungen kamen zu der Schlussfolgerung, dass er fliehen musste, und am besten sofort. Seine fertig gepackte Reisetasche stand auf dem Bett. Alle wichtigen Papiere waren ordentlich auf dem Tisch sortiert. Sein Blick wanderte zu dem Wecker, der auf der Kommode neben dem Bett stand. 12:03 Uhr. Es wurde höchste Zeit, zu verschwinden. Die Polizei würde wohl jeden Moment hier auftauchen. Dr. Freimann hatte der Polizei mit Sicherheit seine Adresse gegeben. Allerdings musste er noch eine offene Rechnung begleichen, bevor er abhaute, und das konnte er erst heute Abend. Bis dahin brauchte er ein Versteck. Am besten wäre es, er würde sich solange im nahe gelegenen Wald verstecken. Eine gute Idee. Was der Professor mit ihm angestellt hatte, bereute er jetzt nicht mehr. Er wollte sich einfach nur dafür rächen, dass der Professor dieses Experiment ohne seine Zustimmung durchführte. Er lächelte. Ein gutes Gefühl.

Es klopfte an der Tür und Thomas schrak aus seinen Gedanken hoch. War die Polizei schon hier? Hatte er sich mit der Zeit verschätzt?

»Herr Lange, machen sie die Tür auf. Ich muss mit ihnen sprechen. Ich weiß, dass sie da sind.«

Erleichtert stellte Thomas fest, dass die Stimme seiner Vermieterin gehörte.

»Einen Moment. Bin gleich bei ihnen.«

Seine Kleidungsstücke waren glücklicherweise schon längst

gewechselt worden. Durch den kurzen Kampf mit dem Sicherheitsbeamten existierten eine Menge Blutspritzer auf seiner Hose und auf seinem Pullover.

Er begab sich zur Tür und öffnete diese. Die Vermieterin hieß Margarethe Strauß, war klein und untersetzt. Sie trug eine Brille. Das Gesicht war mit vielen kleinen Sommersprossen bedeckt.

»Dass ich in meinem Alter noch hinter dem Geld herlaufen muss ist eine Sauerei.«

»Was wollen sie, Frau Strauß?«

»Ich will Geld. Sie sind mit vier Monatsmieten im Rückstand, und langsam platzt mir der Kragen. Ich habe ja immer Geduld mir Studenten gehabt, aber irgendwann ist es zuviel. Bezahlen sie jetzt anteilig zwei Monatsmieten oder sie können sich auf eine fette Klage einstellen.« Frau Strauß blickte über seine Schulter und sah den gepackten Koffer. »Sie wollen verreisen? Das können sie sich abhaken. Geld für eine schöne Reise ausgeben aber die Miete nicht pünktlich zahlen. Wir sind doch hier nicht bei den Hottentotten…«

Frau Strauß quasselte weiter, doch Thomas hörte gar nicht mehr zu. In ihm stieg ein unbändiger Groll auf, den er nicht zu kontrollieren wusste. Eine Flutwelle spülte all seine anderen Gedanken hinfort und es blieb nur ein Gedanke: Zorn. Zorn auf die kleine, untersetzte Person, die ihn voll quatschte. Ohne, dass er noch viel überlegte, packte er Frau Strauß am Arm und warf sie mit einem Schwung in sein Appartement.

Sie schrie überrascht auf. Ihr Körper flog über den Tisch und knallte gegen einen Schrank. Die Schranktüren zertrümmerten und Holzsplitter flogen durch den Raum. Sie rollte ihren Körper zusammen und wimmerte. Thomas knallte indes die Tür zu und ging um den Tisch herum. In seiner Stimme lag tiefe Verachtung.

»Sie kotzen mich an, mit ihrem dämlichen Gerede. Wissen sie, was sie von mir bekommen? Einen Arschtritt, denn das haben sie verdient. Sie nerven mich schon lange, und das geht mir tierisch auf den Piss. Sie wollen, dass ich die fälligen Monatsmieten bezahle. Kein Problem. Mein Zahlungsmittel ist allerdings der Tod.«

Er packte sie wieder, diesmal am Bein, und hob sie in die Höhe. Kopfüber schauten ihn verängstigte Augen an. Frau Strauß stand unter Schock und wehrte sich in keinster Weise, noch versuchte sie sich selbst zu befreien. Thomas genoss diesen Anblick. Dann hob er seine Faust und zerschlug ihren Schädel mit einem kräftigen Schlag. Es schien, als würde der Kopf platzen. Knochensplitter aus der Schädeldecke fuhren in weitem Bogen durch das Zimmer. Blut verunreinigte seine Kleidung. Gehirnmasse verteilte sich auf dem Boden. Das Zimmer sah aus wie auf einem Schlachthof.

Thomas ließ die Leiche auf den Boden fallen und schaute an sich herab.

»Scheiße. Schon wieder Klamotten wechseln.«

14

Pfarrer Metzler grübelte über die Geschichte, die ihm Karl erzählte. Karl berichtete ihm seine ganze Geschichte, verschwieg aber bewusst den Traum.

Sie saßen auf der rückwärtigen Veranda des Hotels und tranken Kaffee. Der Speichersee war ungefähr 1 km entfernt. Man hätte die Fußgänger, Radfahrer und Inlineskater von hier aus beobachten können, doch mittlerweile schob sich wieder eine riesige Wolkendecke vor die Sonne, sodass die Helligkeit des Tages nachließ und man auf eine so weite Entfernung nicht mehr als ein paar kleine Gestalten erkennen konnte. Karl traute sich nicht, seine neu entdeckte Fähigkeit, weit entlegene Gebiete heranzuzoomen, anzuwenden, konnte aber nicht verhindern, das ganze Geschehen genauer zu beobachten.

Er erblickte, dass nah am Ufer des Speichersees zwei Polizeiwagen standen. Eine Absperrung hinderte die herumwuselnden Reporter daran, einen bestimmten Bereich zu betreten. Ein Leichenwagen stand etwas abseits. Polizisten huschten hin und her. Vor der Sperre sammelte sich eine Menschmenge, welche das Schauspiel der Polizisten gebannt beobachtete. Die Reporter versuchten andauernd den zuständigen Polizeibeamten vergebens irgendwelche Fragen zu stellen. Der Pfarrer und Katja hatten das Aufsehen am See auch bemerkt, sich aber keine weiteren Gedanken darüber gemacht. Karl fragte sich, was da wohl geschehen sei. Bestimmt war es ein spektakulärer Unfall, der die Neugier der Reporter anzog. Nun betrachtete Karl wieder den Pfarrer. Er kam ihm bekannt vor, doch konnte er ihn nirgends einsortieren.

Der Pfarrer war ungefähr genauso alt wie Karl. Sein Gesicht versprühte eine Ruhe, die jeden in seiner Nähe mit einband.

Seine braunen Augen starrten auf den Kaffee, der vor ihm stand. Das zottelige, hellbraune Haar wirkte auf Fremde recht komisch. Seine Statur war groß und muskulös. Das machte das abendliche Lauftraining aus.

Pfarrer Metzler hatte sich bei der Begrüßung als Karls besten Studienfreund ausgegeben und Karl glaubte ihm.

»Du kannst dich wirklich an gar nichts erinnern? Jedenfalls an nichts, was vor diesem Gewitter und dem brennenden Baum geschehen ist? Auch nicht, weshalb du in den Wald gegangen bist?«, fragte Pfarrer Metzler.

»Absolut an gar nichts.«

»Also gut. Da wird man wohl nichts machen können. Ich schrieb dir in dem Brief, dass ich etwas bezüglich auf dich herausgefunden habe.«

Karl sah ihn gespannt an. Interessiert beugte sich auch Katja nach vorne.

»Es geht um deine Veränderungen. Sie traten kurze Zeit, nachdem du aus dem Krankenhaus entlassen worden bist, ein. Dir ist nach dem Unfall nie in den Sinn gekommen, zu hinterfragen, wer der andere Verkehrsteilnehmer war. Die Polizei konnte dazu keine stichhaltige Aussage treffen. Im Protokoll hieß es, dass keine Leiche oder irgendein Verletzter gefunden worden ist. Der Wagen sei drei Tage vor deinem Unfall vom Institut für Genforschung gestohlen worden.«

»Ich komme nicht so ganz mit«, Karl schüttelte den Kopf, »ich verstehe nicht ganz.«

»Tja, dann fange ich am besten von ganz vorne an. Vor drei Monaten hattest du etwas Geschäftliches in München zu erledigen. Sara kam mit, um einfach nur bei dir zu sein. Als ihr hier wart, habt ihr euch in einem Hotel einquartiert. Der Termin mit deinem Geschäftspartner fiel auf den nächsten Tag. Abends. An dem Abend, als du zu deinem Geschäftspartner fuhrst, ereignete sich der Unfall. Du trugst eine Wunde in der rechten Schulter davon und die Ärzte waren der Meinung, es müsse ein Hund oder etwas Ähnliches gewesen sein. Ansonsten warst du aber unverletzt. Deine Erinnerungen an den Unfall konnte niemand erklären. Du sprachst von roten Augen. Krallen. Scharfen Zähnen und Feuer. Dies bestätigte die Meinung der Ärzte, dass du während des Unfalls von einem Tier angefallen worden bist. Sara blieb natürlich eine ganze Woche an deinem Bett und wich nicht von deiner Seite, bis sie eines Abends auf dem Weg vom Hotel zum Krankenhaus überfallen und getötet wurde. Das Eigenartige war, dass sie fast die gleichen Wunden aufwies wie du. Bisswunden. Die Bestie konnte man nicht ausfindig machen, und so hast du privat Nachforschungen angestellt. Du bist zurück nach Köln gefahren und hast dich dort über wilde Tiere erkundigt. Dann fingen die Veränderungen an. Deine Visionen. Die Schärfe deiner Sinne. Deine Träume.« Karl zuckte zusammen. Metzler sah ihn an und fragte: »Hast du immer noch diese Träume?«

Karl war verwirrt. Nicht nur, dass Pfarrer Metzler von den Träumen wusste, was schon schlimm genug war. Schlimmer war wieder die Gewissheit, dass seine Frau tot sein sollte. Erst die Nachricht in dem Brief, dann im Traum, wie Sara in einem Sarg liegt, und jetzt noch das Wissen, dass sie umgebracht wurde.

In gewisser Weise gab er sich die Schuld an ihrem Tod. Sie wollte ihn im Krankenhaus besuchen, was zu ihrem Tod führte. Wäre er nicht im Krankenhaus gelandet, hätte er keinen Unfall gehabt, und wäre er nicht nach München gekommen oder hätte er sie einfach zu Hause gelassen, würde sie heute noch leben. Eine Wut kochte in ihm. Eine Wut auf die unbekannte Bestie, die sein Leben mit der ersten Begegnung zerstörte. Er besaß keinen Zweifel mehr daran, in dem Unfall und der Ermordung seiner Frau einen Zusammenhang zu sehen. Für ihn stand fest, dass es sich um ein- und dieselbe Person handelte. Wenn man überhaupt von einer Person sprechen konnte. Bestie war wohl ein passenderer Ausdruck. Verspätet und mit zitternder Stimme antwortete er auf die Frage des Pfarrers.

»Ich weiß nicht genau, welche Träume du meinst, aber bevor

du kamst, wachte ich aus einem sehr realistischen Traum auf. Katja hat mich aufgeweckt, weil ich mich im Schlaf wohl eigenartig benommen habe.«

Katja nickte: »Ja, das stimmt. Er war verschwitzt und murmelte eigenartige Dinge. Das Meiste verstand ich allerdings nicht.«

Karl erzählte nun auch von dem eigenartigen Traum und Katjas Augen wurden von Minute zu Minute größer. Pfarrer Metzler versank wieder in Gedanken und grübelte über das Gehörte nach. Dann wandte sich der Pfarrer wieder an Karl.

»Ich möchte dir sagen, was meine Nachforschungen für Ergebnisse zeigten. Ich habe meine Gedanken in eine absolut andere Richtung gelenkt. Dass dich ein Tier angefallen haben soll finde ich unwahrscheinlich. Meine Überlegungen gingen schließlich auf das gestohlene Fahrzeug zurück. Es gehörte einem gewissen Professor Dr. Freimann, der in dem Institut für Genforschung arbeitet.«

»Entschuldigung«, mischte sich Katja ein, »sagten sie Professor Dr. Freimann?« Dabei tauschte sie einen Blick mit Karl aus. Beide sahen sich erstaunt an.

»Ja, den Namen nannte ich gerade«, bestätigte Metzler. »Wieso?«

»Ich habe mit Dr. Freimann heute Abend einen Termin.«

»Oh. Ich will ja nicht unhöflich sein, und mit Sicherheit würde es mich ja nichts angehen, aber erlauben sie mir die Frage zu stellen, warum sie einen Termin mit Dr. Freimann haben?«, fragte der Pfarrer.

Katja zögerte. Sie hatte Karl offenherzig die ganze Geschichte erzählt, doch zu vielen Menschen davon zu erzählen bedeutete, auch jedem, der es wusste, ein Geheimnis zu offenbaren, welches sie eigentlich niemals jemandem erzählen wollte. Bei Karl war es anders gewesen. Eigenartigerweise verströmte er Vertrauenswürdigkeit. »Karl kennt die Geschichte schon, denn ich erzählte sie ihm im Auto, als wir hierher fuhren. Es hört sich für sie mit Sicherheit etwas seltsam an, wenn nicht sogar unrealistisch, aber ich habe mit dem Professor einen Termin wegen mir. Mit mir stimmt etwas nicht.« Wieder zögerte sie und fingerte nervös an ihrem dicken Wollpullover herum. Ein rascher Blick auf Karl beruhigte sie allerdings erneut etwas, da er ihr aufmunternd zunickte. Schließlich gab sie sich einen Ruck. »Wenn ich Menschen in die Augen sehe, kann ich sie lesen, als wären sie ein offenes Buch. Es tut mir leid, Karl. Als wir uns das erste Mal begegnet sind, du weißt schon, auf dem Rastplatz, da hab ich in dir Dinge gesehen, die ich noch niemals zuvor bei irgendeinem anderen Menschen gesehen habe. Da war so Vieles. Wut. Zorn. Gereiztheit. Ich habe auch Feuer gesehen. Angst. Und sehr viel Liebe. Mehr konnte ich nicht sehen, denn es war, als gäbe es in deinem tiefen Inneren eine Feuerwand, durch die ich nicht durchdringen konnte. Und das ist mir noch nie passiert.« Katja atmete tief ein. »Es tut mir wirklich leid.«

»Schon gut«, flüsterte Karl.

Er war über das Gehörte verdutzt. Jetzt konnte er nachvollziehen, aus welchem Grund sie ihm auf dem Rastplatz so intensiv in die Augen gestarrt hatte. Sie war zurückgeschreckt. Karl konnte sich noch genau daran erinnern. Jetzt wusste er, warum. Was brodelte da bloß in seinem Inneren? Was würde er nicht alles geben, um das zu erfahren.

Keiner sagte mehr etwas.

Nach einiger Zeit kam eine Kellnerin des Hotels und fragte, ob die Herrschaften noch Irgendetwas bräuchten. Sie bestellten jeder noch eine Tasse Kaffee. Als die Bedienung davoneilte, räusperte sich der Pfarrer und sagte: »Ich denke, ihr beide solltet heute Abend gemeinsam den Professor aufsuchen. Es könnte da einen kleinen, aber vielleicht entscheidenden Zusammenhang geben.«

»Da könntest du wohl recht haben«, murmelte Karl und betrachtete Katja grübelnd.

15

12:47 Uhr. Zwei Polizeiwagen hielten vor dem Haus, in dem Thomas Lange wohnte. Ingesamt stiegen fünf Beamte aus, darunter auch Wolfgang Trauber.

»OK, Schneider und Müller, sie gehen hinter das Haus und überprüfen, ob es einen Hinterausgang gibt. Sollten sie einen Hinterausgang auffinden, sorgen sie dafür, dass Herr Langer auf diesem Weg das Haus nicht verlassen kann. Kielbauer und Sander, sie kommen mit mir. Wir nehmen uns den vorderen Eingang vor. Seien sie vorsichtig. Der Mann ist gefährlich und könnte womöglich bewaffnet sein.«

Die Polizeibeamten schwärmten aus.

16

Thomas beobachtete sie vom Fenster aus. Als er bemerkte, dass einer der Polizisten heraufsah, ließ er die Gardine schnell zurückfallen.
Mist. Jetzt bin ich in einer heiklen Situation. Ich hab doch zu lange gewartet.
Er drehte sich um, schnappte sich die Reisetasche und steckte die Papiere vom Tisch in die Innentasche seines Anoraks. Dann rannte er auf die Tür zu, öffnete diese und betrat den Flur. Die Wohnung, in der er seit nunmehr drei Jahren lebte, befand sich im 3. Stockwerk des Mietshauses. Bei seinem Einzug vor drei Jahren waren diese Wohnung und eine im 1. Stockwerk frei gewesen. Damals dachte er, es wäre besser gewesen im obersten Stockwerk zu wohnen, um für seine Studienarbeiten eine gewisse Ruhe zu bekommen. Jetzt wünschte er sich, seine Entscheidung wäre damals anders ausgefallen.
Wenigstens einen Aufzug hätte die Vermieterin bauen können, dachte Thomas. Sein Zorn auf die tote Frau in seiner Wohnung und auf sich selbst trieb ihn zu noch größerer Eile an. Beim Hinuntereilen nahm er immer vier Stufen auf einmal. Unten angekommen warf er nur einen kurzen Blick auf die Eingangstür des Hauses, bemerkte durch die Türscheibe Gestalten, drehte sich um und lief durch einen Korridor auf den Hinterausgang zu.
Hinter ihm vernahm er das Geräusch von zersplitterndem Glas und eine Stimme rief: »Polizei. Stehenbleiben oder ich schieße!«
Es wurde ein Warnschuss abgefeuert und kurz darauf ein gezielter Schuss. Thomas machte einen Hechtsprung zur Seite, prallte gegen die Wand und torkelte auf die geschlossene Hintertür zu. Der Schuss verfehlte ihn nur um Haaresbreite und traf

die Wand. Mörtel bröselte von der Wand ab und fiel auf den Boden.

Mit seinem gesamten Körpergewicht sprengte er buchstäblich die Tür auf und landete mit einem Satz auf dem Hinterhof. Die Tür lag zerborsten auf dem Boden. Rufe wurden laut.

»Los, hinterher.«

»Schießt auf seine Füße.«

»Scheiße. Ich hätte ihn doch treffen müssen.«

Aus dem Augenwinkel erblickte Thomas eine Bewegung. Er duckte sich und schaffte sich mit einem Sprung in Sicherheit, bevor der Schlagstock von Schneider seinen Kiefer zertrümmerte. In einer fließenden Bewegung katapultierte er schwungvoll die Reisetasche in einem Halbkreis um sich und traf Schneider am Kopf. Dieser knickte unter einem Stöhnen zusammen. Ein Lächeln erschien auf den Lippen von Thomas. Er hatte aber keine Zeit, sich großartig zu erholen. Kräftige Arme schlossen sich um seinen Brustkorb und er schnappte erschrocken nach Luft. Sein Ellbogen flog reflexartig nach hinten und er hörte, wie etwas brach. Vermutlich das Nasenbein. Die Umarmung wurde lockerer und Thomas riss sich heraus. Er wandte sich um und mit schier unfassbarer Geschwindigkeit lief er auf die Mauer zu, die den Hinterhof begrenzte. Bevor er die Mauer erreichte, warf er die Reisetasche mit einem Schub über die Mauer. Mit einem gekonnten Satz schnellte er in die Höhe. Als er auf der Mauerkrone stand, drehte er sich um und zeigte den Polizisten den Mittelfinger.

»Fickt euch in den Arsch!«, schrie er.

Wieder löste sich ein Schuss und traf diesmal. Er kippte hintenüber, auf die andere Seite der Mauer. Schmerz verspürte er nicht, und er sprang sofort wieder auf seine Füße und verschwand im dichten Unterholz. Sein Lachen war noch in einem weiten Umkreis zu hören.

17

Trauber stand fassungslos auf dem Hinterhof. *Das kann doch nicht sein. Ich hätte ihn doch beim ersten Mal treffen müssen*, sagte er sich in Gedanken. *Nein. Ich habe ihn getroffen. Jedenfalls beim zweiten Mal. Da bin ich mir ganz sicher. Meine Güte, wie schnell der Junge war. Als wenn er irgendwelche Amphetamine zu sich genommen hätte oder sonst irgendein Aufpuschmittel.* Er schüttelte seinen Kopf. Das alles war viel zu verrückt, um es wirklich zu verstehen. Es könnte sein, dass seine Schnelligkeit und Stärke mit dem Experiment zu tun hatten, welches Professor Freimann an dem jungen Mann durchführte. Trauber schauderte. Thomas Langer zerschlug ohne Probleme die Hintertür in Stücke, wie trockenes Holz. Unglaublich.

Er wandte sich zu Müller, der sich mit einem Taschentuch das Blut von der gebrochenen Nase wischte. Das Taschentuch war mittlerweile schon blutdurchtränkt. Die Hände von Müller zitterten stark. Müller besaß eine Kraft, die sonst keiner von den eingesetzten Polizisten besaß. Durch regelmäßiges Training im Fitnessstudio zeichneten sich die Muskeln durch die Polizeiuniform ab. Es war unerklärlich, wie Thomas Langer aus dem Griff von Müller herauskommen konnte. Aber Trauber war auch klar, dass die ganze Aktion weit schlimmer hätte enden können. Er war sich sicher, Thomas Langer hätte mit Leichtigkeit jemanden getötet, wenn er es nicht so verdammt eilig gehabt hätte, von hier zu verschwinden.

Ein Kopf tauchte an der Mauerkrone zum dahinter gelegenen Wald auf. Auf diesem Weg war Thomas Langer geflohen.

»Nichts. Gar nichts. Der Bursche muss wie der Teufel gesprintet sein. Wir haben Fußabdrücke auf der anderen Seite der Mauer gefunden. Sie verlaufen in Richtung des Waldes.«

Sirenen waren in weiter Ferne zu hören. Entweder Verstärkung, die hier dringend benötigt wurde, oder der angeforderte Notdienst. Noch besser wäre beides. Schneider lag immer noch bewusstlos auf dem Boden. Trauber brachte ihn in die stabile Seitenlage, um sicher zu gehen, dass er nicht an seinem eigenen Erbrochenen erstickte.

»Ist gut. Ruf Sander und kommt dann wieder auf diese Seite.«

Kielbauer nickte und verschwand wieder hinter der Mauer.

Über Funk berichtete er die Ereignisse Stauder kurz und prägnant. Stauder war anzuhören, dass er erleichtert war, nicht von irgendwelchen Verlusten zu hören. Eindringlichst bat er Trauber, nichts auf eigene Faust zu unternehmen, um das Schwein zu kriegen. Dieser Thomas Langer war gemeingefährlich, auch ohne irgendeine Waffe. Das war Trauber auch klar geworden.

Trauber ging zu Schneider hinüber und prüfte ein weiteres Mal die Vitalfunktionen.

Als sich Sander und Kielbauer wieder auf dem Hinterhof befanden, ordnete Trauber an, Sander solle hier auf den Notdienst warten.

»Sie«, dabei zeigte Trauber auf Kielbauer, »kommen mit mir. Wir untersuchen mal das Heim von Thomas Langer.«

Die beide wussten, keiner unmittelbaren Gefahr mehr ausgesetzt zu sein, und begaben sich mit schnellen Schritten in den dritten Stock. Die Tür zur Wohnung des Entflohenen stand noch offen. In der Hektik vergaß Thomas, die Tür zu verschließen, was in dieser Situation verständlich war. In der Wohnung fanden sie die tote Frau. Sie lag immer noch in der gleichen Pose, wie sie nach dem tödlichen Schlag zusammengesackt war. Ein großer Teil des Zimmers war mit Blut bedeckt. Im Badezimmer entdeckte Trauber die blutbespritzten Kleidungsstücke, die Thomas vor ihrem Auftauchen wechselte.

Kielbauer murmelte: »Das ist eine ganz hässliche Sache. Er muss der armen Frau den Schädel mit einem gewaltigen Schlag zertrümmert haben.« Kielbauer drehte sich von der Toten weg.

»Wir haben diesen Mistkerl unterschätzt. Hoffentlich gibt es überhaupt eine Möglichkeit, ihn aufzuhalten.« Langsam verließ Trauber der Mut, Thomas Langer ohne große Verluste zu schnappen.

»Die Verstärkung und der Notdienst sind eingetroffen«, meldete sich Kielbauer vom Fenster.

»Gut. Dann lass uns runter gehen und diese grausige Wohnung verlassen.«

Beide verließen die Wohnung und begaben sich nach unten, um den neu eingetroffenen Kollegen die aktuelle Lage mitzuteilen.

18

Beide gaben sich die Hand und verabschiedeten sich.
»Es hat mich gefreut, dich nach so langer Zeit wieder zu sehen. Du musst mich auf jeden Fall auf dem Laufenden halten. Hier ist meine Nummer und auch die Adresse der Pfarrgemeinde Gregor.« Pfarrer Metzler überreichte Karl eine kleine Visitenkarte.

»Das werde ich bestimmt«, versicherte Karl.

Der Pfarrer schaute Karl tief in die Augen und sagte mit bedächtiger Stimme: »Eines möchte ich dir noch sagen. Ich hatte an dem Tag, als du den Unfall hattest, einen Traum. Du kamst in diesem Traum vor. Ich stand dir gegenüber und du fragtest mich, ob es einen Gott gäbe. Mir kam es seltsam vor, von dir so eine Frage zu hören, da du nie an Gott glaubtest. Meine Antwort war einfach. Du musst Gott nicht in der Welt suchen. Er befindet sich nicht draußen. Nein. Er befindet sich im Inneren. In jedem Menschen. Im Herzen aller. Als ich das zu dir sagte, leuchtete etwas aus deinem Inneren heraus. Etwas Helles. Es kam mir vor, als würdest du neu geboren. Karl. Was ich damit sagen will, ist, dass du etwas Besonderes bist. Du bist für etwas ganz Großes von Gott auserkoren. Und des Rätsels Lösung liegt in deinem Herzen.« Die Hand von Metzler legte sich auf die Brust von Karl. »Du wirst schon dahinter kommen.« Er schlug Karl freundschaftlich auf die Schulter und wandte sich um. Karl starrte ihm hinterher und wusste nicht, was er davon halten sollte.

Der Pfarrer war grade im Begriff, die letzten Stufen zu nehmen, als er sich mit der flachen Hand an den Kopf schlug und sich noch einmal umwandte.

»Du weißt doch, dass ich dich wegen des Schlüssels am Telefon gefragt habe?«, rief er Karl zu.

»Ja.«

Er kam wieder auf Karl zu.

»Du hast mich damals aufgesucht und mir einen kleinen Zettel gegeben. Dabei hast du mir eingeprägt, den Zettel auswendig zu lernen und dir das dort Geschriebene mitzuteilen, sollte ich dich wieder treffen und mit dir irgendetwas passiert wäre. Den Zettel sollte ich danach vernichten. Ich verstand damals nicht, was du meintest, aber es ist wohl offensichtlich, dass du schon damals wissen musstest, irgendetwas würde mit dir geschehen. Auf dem Zettel stand *Münchener Hauptbahnhof* und eine Nummer: 666. Da drunter hast du noch einen Satz geschrieben. ›Der Schlüssel ist der Weg zur Lösung‹. Deshalb fragte ich dich auch am Telefon nach dem Schlüssel.« Pfarrer Metzler lächelte. »Ich hoffe von ganzem Herzen, dass du die Lösung finden wirst.« Pfarrer Metzler wandte sich wieder ab, hob noch einmal die Hand zum Abschied und schritt dann weiter auf sein geparktes Auto zu.

Karl sah dem Pfarrer nachdenklich nach. Ein Schlüssel zur Lösung? Münchener Hauptbahnhof? 666? Das konnte eigentlich nur ein Schließfach sein. Aber ein Schließfach? *Was hab ich da wohl deponiert?*

Karl holte den kleinen Schlüssel heraus und betrachtete ihn nun genauer. Auf einer Seite konnte er deutlich die Spuren von etwas Weggefeiltem entdecken. *Habe ich das weggefeilt? Und wenn ja, warum?*

Karl drehte sich um und ging wieder ins Hotel. An der Rezeption traf er auf Katja. Sie unterhielt sich mit Frau Meischl.

»Ich muss zum Münchener Hauptbahnhof fahren. Kommst du mit?«, unterbrach er das Gespräch.

Katja hielt mitten im Satz inne und schaute ihn an. »Klar. Dann komme ich mal etwas an die frische Luft.«

Sie lächelte ihn an, winkte kurz Frau Meischl zu und drehte sich dann dem Eingang des Hotels zu. Karl folgte ihr.

In den letzten paar Stunden hatte er angefangen, sie zu mögen. Sie war nett, sah gut aus, besaß Charme und einen gewissen Humor. In allem war sie eine attraktive Frau. Irgendeine Angst wuchs aber in seinem Inneren, wenn er daran dachte, mit ihr etwas anzufangen. Da war immer noch dieser eigenartige Blick in ihren Augen, den er nicht begriff und auch nicht begreifen wollte, obwohl er mittlerweile wusste, was für eine Fähigkeit sie besaß.

Sie stiegen in den BMW und fuhren in die Innenstadt.

Während der Fahrt schwiegen beide, doch Katja brach das Schweigen nach geraumer Zeit mit einer Frage: »Findest du nicht, du solltest dir für die Öffentlichkeit eine Sonnenbrille anschaffen?«

Karl sah Katja fragend an: »Eine Sonnenbrille? Warum?«

»Na ja. Du fällst mit deinen gelben Augen auf. Die Leute schauen befremdend, und wenn du ihnen in die Augen schaust, dann zucken sie zusammen. Als wir in dem kleinen Cafe saßen, habe ich bemerkt, wie die Hände der Bedienung zitterten, als sie dich anschaute, um deine Bestellung entgegenzunehmen. Das fällt nun einmal auf. Und vielleicht passiert es irgendwann mal, dass jemand unangenehme Fragen stellt, und das willst du doch nicht, oder?«

»Nein. Das will ich eigentlich nicht. Aber meinst du nicht, dass die Leute genauso eigenartig schauen, wenn ich im Oktober mit einer Sonnenbrille herumlaufe?«

»Könnte sein. Du musst das abwägen, was für dich besser oder schlimmer ist.«

»Mmh«, kam daraufhin von Karl, und damit war das Gespräch vorerst beendet.

Katja parkte den Wagen in einem der angrenzenden Parkhäuser, und sie gingen den Rest bis zum Münchener Hauptbahnhof zu Fuß. Auf dem Weg zum Münchener Hauptbahnhof erzählte Katja, was sie von der Hotelbesitzerin über die Vorfälle am Speichersee erfahren hatte.

»Es soll dort wohl ein Unglück geschehen sein. Eine Radfahrerin wurde dort heute Morgen angefallen. Die Fernseh- und Radiosender denken es war ein tollwütiges Tier oder so etwas in der Art. Die Polizei wollte noch keine konkreten Angaben machen.« Katja sah Karl erwartungsvoll an, und als Karl nichts sagte, fuhr sie fort: »Die Leiche soll wohl total zerfetzt gewesen sein. Man hat an der Unglücksstelle Spuren gefunden, diese werden aber noch ausgewertet. Schlimm, was?«

Wieder antwortete Karl nicht und schaute auf die andere Straßenseite.

»Weißt du, was noch viel schlimmer ist? Es wurde berichtet, dass es auch einen Mord im Institut für Genforschung gab.«

Karls Kopf flog zur Seite und er starrte sie an. »Wann war das?«

»Ich weiß es nicht. Viele gehen davon aus, dass es ungefähr zur selben Zeit geschah, als die Radfahrerin überfallen worden ist.«

»Gibt es einen Zusammenhang?«

»Keine Ahnung. Da fragst du die Falsche.«

Mittlerweile erreichten sie den Münchener Hauptbahnhof und traten ein.

Im Hauptbahnhof war sehr viel los. Reisende, Geschäftsleute, Angestellte, Jugendliche, ältere Menschen, Arbeiter und hin und wieder auch einige von der Bahnpolizei liefen geschäftig umher. Links und rechts befanden sich Geschäfte aller Art. Blumenläden, Zeitungsgeschäfte, Tabakgeschäfte, Bäckereien, Imbissbuden und Kneipen. Informationsstände und Ticketschalter waren in regelmäßigen Abständen zu entdecken. Der Bahnhof war riesig. Karl bezweifelte, das von ihnen gesuchte Schließfach schnell zu finden.

»Was machen wir hier eigentlich?«, meldete sich Katja.

»Ich suche ein Schließfach mit der Nummer 666.«

»Aha. Wahrscheinlich hast du wohl auch keine Ahnung, wo du suchen sollst.«

»Da hast du absolut recht. Ich meine, der Bahnhof ist so riesig.

Es gibt hier mindestens tausend Schließfächer, wenn nicht sogar zehntausend. Das wird Stunden dauern, bis wir das Schließfach gefunden haben.«

»Nicht unbedingt«, sagte Katja und deutete auf einen Informationsstand.

Karl nickte und steuerte darauf zu. Katja folgte ihm.

»Guten Tag. Können sie mir vielleicht weiterhelfen?«, fragte Karl den Mann. Auf einem kleinen Brustschildchen stand sein Name. Herr Berger.

Er blickte vom Monitor auf und lächelte ihn an. Als er seine gelben Augen bemerkte, welche ihn eindringlich anschauten, erstarb sein Lächeln.

Katja murmelte leise zu Karl: »So viel zur Sonnenbrille.«

Die Stimme von Herrn Berger klang rau, wie trockenes Schmirgelpapier. »Das kommt darauf an, wobei ich ihnen weiterhelfen soll.« Die Unfreundlichkeit war nicht zu überhören.

»Es geht darum, dass ich an mein Schließfach will und die dort deponierten Utensilien an mich nehmen will. Das Problem ist nur, ich finde es nicht.«

»Oh, es geht um ein Schließfach. Die Schließfächer befinden sich in dieser und dieser Richtung. Es ist gar nicht weit.« Dabei deutete er in genau zwei entgegen gesetzte Richtungen.

Herr Berger wandte sich wieder seinem Monitor zu.

Erbost starrte Karl auf Herr Berger und bekam einen roten Kopf. Seine Stimme war so laut geworden, dass sich die vorbei laufenden Leute nach ihm umsahen.

»Ich habe leider keine Zeit, erst in diese Richtung zu gehen, und wenn ich das Schließfach dort nicht finde, noch die andere Richtung auszukundschaften. Ich bin ein regelmäßiger Bahnfahrer und erwarte von den Bahnangestellten etwas mehr Hingebung für die Probleme der Kunden. Es wird doch nicht zu viel verlangt sein, wenn sie mir verraten, in welcher Richtung sich mein Schließfach befindet. Die Nummer ist 666.« Karl klatschte mit der flachen Hand auf den Schalter. »Außerdem möchte ich darauf hinweisen, bei soviel Unfreundlichkeit kein Problem zu haben, eine Beschwerde über sie zu schreiben, Herr Berger.« Er verschränkte die Arme und wartete.

Herr Bergers Augen waren immer größer geworden und der Schrecken stand in seinen Augen.

Herr Berger wurde sichtlich nervös: »Es tut mir leid, wenn ich den Eindruck von Unfreundlichkeit bei ihnen erweckt habe.« Er schaute zögernd auf seinen Monitor, dann auf seine Uhr. Schließlich sagte er: »Ich werde sie persönlich dorthin führen. 666 sagten sie?«

»Ja«, antwortete Karl knapp.

Er tippte noch etwas in seinen Computer ein und trat aus dem Informationsstand heraus. Katja und Karl folgten dem Bahnangestellten in eine der vorher angegebenen Richtungen. Karl lächelte zufrieden. *Na also. Es geht doch,* dachte er.

Nach nur wenigen Minuten erreichten sie eine lange Reihe von Schließfächern, die meisten davon unbenutzt. Der Bahnangestellte zeigte auf die Schließfächer und meinte: »Hier sind wir. Ich hoffe, ich habe ihnen genügend geholfen.« Er drehte sich abrupt um und verschwand in die Richtung, aus der sie hergekommen waren.

Karl nahm den Schlüssel aus seiner Tasche. 666. Keine gute Zahl. Normalerweise stand diese Zahl für das Böse. Ein Kribbeln lief über seinen Rücken, und eine gewisse Furcht hob sich aus seinem Innersten hervor. Die Furcht, die er verspürte, bemerkte auch Katja, und sie sah ihn besorgt an. Karl schmunzelte ihr beruhigend zu. Das dazugehörige Schließfach war schnell gefunden. Seine Hand, die den Schlüssel ins Schlüsselloch schob, zitterte merklich. Er drehte den Schlüssel um und hörte ein Klicken des Mechanismus im Schloss. In dem Schließfach befand sich eine kleine, schmale Kiste aus Stahl, die kein Schlüsselloch aufwies. Sie beanspruchte die Größe eines Schuhkartons. Karl nahm die Stahlkiste heraus und musterte sie stirnrunzelnd.

Karl steckte die Finger einer Hand in die Ritze zwischen

Stahldeckel und der eigentlichen Stahlkiste und versuchte mit aller Gewalt, den Deckel zu öffnen. Vergebens.

»Das gibt es doch nicht. Wie geht diese verflixte Kiste auf?«

Katja legte eine Hand auf die Schulter von Karl und sprach beruhigend auf ihn ein: »Lass es gut sein. Im Hotel werden wir schon eine Möglichkeit finden, diesen Schatz...«, bei dem Wort Schatz verzogen sich ihre Lippen ebenfalls zu einem Grinsen, »...in irgendeiner Weise zu öffnen.«

Karl gab sich geschlagen. Es hatte keinen Sinn, sich hier vor den vorbeilaufenden Leuten lächerlich zu machen. Die Beiden machten sich auf den Weg zurück ins Hotel.

Auf dem Rückweg kaufte sich Karl noch eine Sonnenbrille, denn auch in diesem Punkt gab er Katja recht.

19

»Sind wir alle versammelt?«

Die Frage richtete Stauder an Trauber. Dieser nickte.

Stauder blickte durch die Reihen seiner Kollegen. Keiner von ihnen lächelte, schaute desinteressiert in eine andere Richtung oder unterhielt sich mit vorgehaltener Hand mit dem Nachbarn. Alle schauten ihn gebannt an. Sie erkannten, wie ernst die Lage war. Sie hatten es mit einem unmenschlichen Killer zu tun. Vor ein paar Tagen war dieser Killer noch ein ganz normaler Bürger gewesen, und nun mutierte er zu einer unkontrollierbaren Kampfmaschine. Jedenfalls würde das nicht mehr lange dauern. Zwei Morde gingen mittlerweile auf sein Konto. Dazu kamen noch diverse Bagatellfälle. Sachbeschädigung in mehrfachen Fällen und Körperverletzung. Eine Frage stellte sich Stauder aber immer wieder. War dieser Killer noch schuldfähig? Bis jetzt konnte man nicht genau nachvollziehen, was Professor Freimann mit dem jungen Mann getan hatte. Eins war ihm aber klar. Diesen Professor Dr. Freimann würde er nicht ungeschoren davonkommen lassen, damit dieser weiter verrückte Experimente durchführen konnte und somit leichthin Menschenleben aufs Spiel setzte.

Stauder basierte auf einem Podium, und vor sich auf dem Pult lagen etliche Unterlagen. Untersuchungsergebnisse der Spurensicherung, Zeugenaussagen, Meinungen verschiedener Experten, die Berichte der Polizisten, Beschreibungen der Toten, Obduktionsergebnisse, Recherchen über Thomas Langer, Zeitungsartikel über das Institut, Akten von nicht abgeschlossenen Fällen, die in der Art ähnlich waren wie die geschehenen Morde, und schließlich sein eigener Bericht.

Ingesamt umfasste nun sein Team, welches nur für diesen Fall gebildet worden ist, 15 gute Polizeibeamte. Stauder hatte die Leitung über das Team erhalten und sein Ziel mit höchster Priorität war, Thomas Langer aufzuhalten, bevor dieser noch mehr Schaden anrichten konnte. Egal wie.

Er räusperte sich.

»Ich möchte den Fall, den wir zu bearbeiten haben, mit euch nochmals durchgehen. Nicht nur, um weitere Schlussfolgerungen daraus zu ziehen, sondern um in diesem Chaos von Berichten etwas Ordnung zu bringen. Danach werden wir noch offen stehende Fragen klären. Und zuletzt werde ich das Team aufteilen, um verschiedene Aufgaben verteilen zu können. Zunächst müssen wir klären, ob der Mord, der heute Morgen zwischen ca. 4:00 Uhr und 5:00 Uhr am Speichersee stattfand, etwas mit den Morden zu tun hat, die Thomas Langer beging.

Die Aussage von Professor Dr. Freimann lässt annehmen, dies sei nicht der Fall. Zeitlich hätte Thomas Langer den Mord am Speichersee nicht durchführen können. Der etwas mitgenommene Bericht, den der Computer im Labor hergab, in dem die Leiche des Sicherheitsbeamten aufgefunden worden ist, besagt, dass Thomas Langer erst um genau 6:13 Uhr aus seiner Bewusstlosigkeit erwachte. Somit können wir eindeutig einen Zusammenhang zwischen Thomas Langer und dem Mord vom Speichersee ausschließen. Ich möchte hier aber erwähnen, dass ich einen Zusammenhang zwischen dem Mord am Speichersee und dem Institut für Genforschung vermute. Inwieweit ein Zusammenhang besteht, weiß ich leider nicht.

Am Tatort, wo die ermordete Radfahrerin gefunden worden ist, konnten wir mithilfe der Spurensicherung deutliche Hinweise entdecken, die den eben erwähnten, vermuteten Zusammenhang hervorheben. Zum Ersten hätten wir da die Bisswunden der beiden abgerissenen Gliedmaßen. Ein Experte, der den Wolf in Rumänien mehrere Jahre studiert hat, bestätigte uns in einem ausführlichen Bericht. Er stellte zweifelsfrei fest, dass die Bisswunden von einem sehr verwandten Gebiss des Wolfes abstammten. Kleine Abweichungen deuten allerdings darauf hin, dass es sich hier wahrscheinlich um eine Mutation handeln müsste. Weiterhin konnte er uns bei den gefundenen Fußspuren klar machen, auch hier eine Ähnlichkeit zum Wolf zu erkennen. Ein gefundenes Haar stellte sich als einwandfreies Wolfshaar heraus, wohingegen der gefundene Stofffetzen dank eines Labortests von einer Jeanshose abstammt. Mir kommt es schon fast so vor, als hätten wir es mit einem Werwolf zu tun, was natürlich absoluter Quatsch ist. Aber das wir es hier mit einer Mutation, halb Mensch, halb Wolf zu tun haben steht für mich fest.

Aus diesem Grund kann ich auch einen Zusammenhang zwischen dem Mord am Speichersee und dem Institut für Genforschung zu diesem Zeitpunkt noch nicht ausschließen. Kommen wir nun zu unserem zweiten Mord. Den Berichten zu urteilen, haben wir es mit einem sehr gefährlichen Gegner zu tun. Thomas Langer erhielt durch das Experiment bestimmte Fähigkeiten. Auswirkungen durch die angebliche Veränderung seiner Gene. Erhöhte Sehfähigkeit bei Dunkelheit. Zunahme seiner Stärke um fast 350 %. Hohe Aggressivität. Außer dem Sicherheitsbeamten, ist ihm eine gewisse Frau Strauß zum Opfer gefallen.« Er nickte Trauber zu und dieser übernahm das Reden.

»Nachdem die ärztliche Versorgung der verletzten Kollegen vor Ort sichergestellt worden ist, begab ich mich mit dem Kollegen Kielbauer in die Wohnung, in welcher der Täter lebte. Wir fanden Frau Strauß ermordet vor. Sie lag zusammengesunken auf dem Boden. Ihr Kopf muss durch einen heftigen Schlag regelrecht zerschmettert worden sein. Die Befragung der Nachbarn ergab, dass Frau Strauß und Herr Langer über einen Mietrückstand diskutiert haben, als dann Herr Langer gewalttätig wurde. Durch die Schnelligkeit und Stärke, die er gewonnen hatte, konnte er uns leider entkommen. Eine Verfolgung schloss ich auf Befehl des Kommissars aus und wir warteten auf Unterstützung. Die Spurensuche vor Ort ergab einen Fluchtweg in Richtung des dahinter befindlichen Waldes.«

Seine Rede endete mit einem Seufzer.

»Die Frage, die jetzt äußerst wichtig ist und die wir uns jetzt stellen müssen, lautet: Wie gehen wir weiter vor?«, ergriff Stauder wieder das Wort.

»Ich schlage vor«, meldete sich Kielbauer zu Wort, »den dahinter befindlichen Wald mit einer Hundertschaft zu durchsuchen. Natürlich unter Beachtung äußerster Sicherheitsvorkehrungen. Vielleicht hält er sich noch in dem Wald auf, weil er denkt, ein gutes Versteck gefunden zu haben.«

»Guter Einwand, Kielbauer«, bestätigte ihn Stauder. »Sie werden eine Hundertschaft anfordern und die Leitung dieses Unterfangens übernehmen. Zu ihrer Seite stelle ich ihnen Schmitz, Birke, Naumhof und Glörke. Meier und Zwelter werden eine Großfahndung veranlassen, sodass jeder Polizist in München und Umgebung über die momentanen Verhältnisse genauestens informiert ist. Außerdem werden sie eine Zentrale einrichten, in der alle neuen Informationen zusammenlaufen. Diese müssen dann sortiert und ausgewertet sowie gegebenenfalls weitergeleitet werden. Sander, Holstern und Stein werden eine Observation durchführen. Sie beziehen beim Haus des Professors Stellung und vermeiden, dass Herr Langer auf irgendwelche Rachegedanken kommt. Der Rest des Teams wird mit mir und Trauber kommen. Wir werden noch mal die Wohnung des Täters in Augenschein nehmen. Vielleicht haben wir Glück und finden irgendeinen Hinweis, wo sich Thomas Langer absetzen will. Alle gesplitterten Teams bleiben ständig in Funkkontakt. Noch Fragen?«

Stein hob einen Arm in die Höhe.

»Ja, Stein.«

»Was ist, wenn wir Thomas Langer erspähen? Dieselbe Aktion wie vor seinem Haus?«

Stauder schaute die Kollegen eindringlich an: »Wenn ihr ihm über den Weg lauft oder auch umgekehrt, denkt an eure Sicherheit. Haben wir uns verstanden?«

Alle nickten und sagten fast einstimmig: »Ja.«

Die Versammelten wussten, was Stauder meinte. Ein toter Täter war besser als ein toter Polizist.

»Noch weitere Fragen?«

Wieder hob Kielbauer die Hand.

»Ja?«, forderte ihn Stauder auf, seine Frage zu stellen.

»Was haben die Untersuchungen bezüglich des Schusses von Trauber ergeben?«

Im Raum herrschte Totenstille. Jeder im Raum schaute gespannt auf den Kommissar. Stauder zögerte. Sollte er ihnen die Schlussfolgerung mitteilen, die er durch ausgewählte Experten erhalten hat? Er entschied sich dafür. Wenn, dann sollte sein Team über alles informiert sein.

»Es scheint so, als würde sich Thomas Langer bei Verletzungen außerordentlich schnell regenerieren.«

Ein Raunen ging durch den Raum. Stimmen wurden laut und einige Kollegen fingen heftige Diskussionen an.

Stauder klatschte mit der flachen Hand auf das Pult. »Ruhe.« Seine Stimme donnerte durch den Raum und augenblicklich verstummten alle Gespräche. »Es nützt keinem etwas, jetzt darüber lange zu diskutieren. Jeder hat seine Aufgabe und es wird Zeit, dem Ziel näher zu kommen. Unser Ziel besteht darin, einen Mörder und sehr gefährlichen Mann hinter die schwedischen Gardinen zu bringen. Also fangt an!«

Jeder ging aus dem großen Raum hinaus, um sich seiner Aufgabe zu widmen.

»Meinst du, wir bekommen den Mistkerl, Andreas?«

»Da kannst du sicher sein, Wolfgang. Und wenn ich ihn bis ans Ende der Welt jage.«, antwortete Stauder.

20

Thomas kicherte. *Die könnten mich sogar bis ans Ende der Welt jagen und würden mich doch nicht bekommen.*
Er lehnte an einem Baum im Wald und dachte über das Geschehene nach. Seine Reisetasche lag zwischen seinen Beinen im Laub. Blätter fielen immer wieder von den Bäumen und bedeckten so langsam und allmählich den Waldboden.
Wenn ich gewollt hätte, wäre ich mit allen Bullen fertig geworden. Seine Finger glitten zum zehnten Mal über die Stelle am Bauch, wo er von einer Kugel getroffen worden ist. Das Grinsen wurde breiter. *Unverwundbarkeit. So was hab ich mir schon immer gewünscht.* Kein Einschussloch war zu erkennen. Kein Anzeichen irgendeiner Wunde. Genauso wie im Institut, als er auch dort von einer Kugel getroffen worden ist.
Was nun? Sie würden wahrscheinlich den ganzen Wald auf den Kopf stellen, um ihn zu finden. Also brauchte er ein sicheres Versteck. Damals, vor etwa 15 Jahren, spielte er oft mit seinem besten Freund, Matthias Geifer, im Wald, und beim Spielen hatten sie eine Höhle gefunden. In der Höhle gab es einen kleinen Bach und sonst nichts. Im Endeffekt ein perfektes Versteck. Die Höhle war von solch dichtem Gestrüpp verborgen, das ihn dort mit Sicherheit keiner fand. Aber würde er die Höhle noch finden? Nachdem sein bester Freund mit seinen Eltern nach Berlin gezogen war besuchte er die Höhle nie wieder.
Seine Gedanken schweiften zu seinem Freund. Damals schworen sie sich immer in Kontakt zu bleiben, trotz der riesigen Entfernung, die zwischen ihnen lag. Anfangs telefonierten sie noch regelmäßig, was aber dann immer weniger wurde. Schließlich verlief sich der Kontakt im Sand, und seit nunmehr 12 Jahren hörte er nichts mehr von Matthias. Eigentlich sollte ihn Trau-

rigkeit erfüllen, doch das einzige Gefühl, was kam, war Zorn, wie so oft schon an diesem Tag. Warum wurde er bloß seit dem heutigen Experiment immer so zornig? Darauf hatte er keine Antwort parat. Es war, als würde in seinem Körper nur noch dieses eine Gefühl existieren.

Thomas schaute an sich herab. Der Bizeps und Trizeps an beiden Armen hob sich deutlich durch den dicken Pullover hervor. Seine Muskulatur war seit heute Morgen aufgequollen wie Hefeteig beim Backen. Er spannte alle Muskeln an und beobachtete, wie es sich an allen Bereichen des Körpers wölbte. Er entspannte die Muskeln wieder. Ihm kam es so vor, als nahm er jahrelang Anabolika, um den Titel »Mr. Universum« zu erlangen.

Er dachte wieder an die Höhle. Mit Sicherheit konnte er sich nicht wieder so viel Zeit lassen, wie er es in seiner Wohnung getan hatte. Das war wirklich knapp gewesen. Wo befand sich nur die Höhle? Thomas konnte sich einfach nicht daran erinnern. Dumm gelaufen. Dann musste er einen anderen Weg finden, den Suchtrupps der Polizei auszuweichen. Er packte seine Reisetasche und ging tiefer in den Wald.

21

Katja und Karl waren ratlos. Sie versuchten schon einige Zeit, die Stahlkiste zu öffnen. Leider ohne Erfolg. Die Stahlkiste stand auf dem Tisch in ihrem Hotelzimmer. Beide saßen sich auf Stühlen gegenüber und blickten sich an.

»Vielleicht musst du eine Zauberformel aussprechen wie in Aladin und die vierzig Räuber. So was wie ›Sesam öffne dich‹. Und dann springt der Deckel mit einem Ruck auf.«

Katja wollte mit diesen Worten die Atmosphäre, die wie dickflüssige Trübung in dem Raum verweilte, etwas auflockern, verfehlte aber die gewollte Wirkung. Karl schaute sie böse an. Er warf die Hände in die Luft und sprang von seinem Stuhl auf. Der Stuhl kippte hinten über und polterte auf den Boden.

»Mach dich nur über mich lächerlich. Die Kiste könnte nützliche Informationen enthalten und ich kriege das scheiß Ding nicht auf.«

Er nahm die Kiste voller Gereiztheit in die Hände und wandte sich dem geöffneten Fenster zu. Sein Vorhaben, die Kiste aus dem Fenster zu schmeißen, scheiterte. Mitten im gewollten Wurf verharrte er und blickte ungläubig auf die Stahlkiste. Auch Katja starrte mit offenem Mund darauf. Ein Mechanismus war ausgelöst worden und der Deckel schnellte auf.

In der Kiste lag in rotem Samt gehüllt eine Kette. Die Kette war aus Silber gefertigt und kleine, rote Rubine besetzten sie. Sie besaß einen Anhänger, der eine lodernde Flamme präsentierte. In der Mitte des Anhängers war ein weiterer Rubin eingearbeitet worden, der aber größer als die übrigen Rubine war.

Saras Kette!

Er nahm die Kette aus der Kiste und stellte sie auf den Tisch zurück. Seine Hände leuchteten in einem schwachen gelblichen

Schimmer. Karl verspürte eine Hitze in sich, die aufloderte und wieder verschwand. Dann wieder aufloderte und wieder verschwand. Die Abstände wurden von Minute zu Minute immer kürzer. Die Fieberglut nahm zu. und schließlich blieb eine gleich bleibende, stetig ansteigende Wärme. Auch der Rubin fing an, in einem dunklen Rot zu flimmern. Eine Energie, die aus der Kette kam, erfüllte seinen ganzen Körper. Immer mehr schwappte auf seine Hände über und das gelbliche Leuchten sowie das Leuchten des großen Rubins wurden heller. Der Raum war erfüllt von dem Leuchten. Beide Lichter verbanden sich zu einem einzigartigen Orange. Katja schirmte sich mit der linken Hand die Augen ab, um besser sehen zu können.

Karl nahm Katja nicht mehr war. Er verschmolz mit der Kette und eine Kraft erfüllte ihn, die ihm bekannt vorkam. Eindrücke, Informationen und Gefühle schwemmten seine Gedanken fort. Die Hände verkrampften sich noch mehr um die Kette. Es kam ihm vor, als würde er in einem großen, heißen Kochtopf mit all seinen Erinnerungen baden. Bilder tauchten auf und versanken wieder. Die Bilder waren unscharf, als hätte jemand mit einer schlechten Kamera versucht, gute Fotos zu machen. Die Bullenhitze nahm weiter zu. Aus seinen Poren quoll Schweiß. Jede Faser seines Körpers konnte er spüren. Und dann erblickte er es. Sein Herz pulsierte mit außerordentlicher Kraft, umgeben von einer gewaltigen Feuerwand. Das war es, was Katja in seinem Inneren gesehen hatte. Weitere Informationen und Bilder in Form von Feuerbällen rauschten an ihm vorbei. Alle besaßen dasselbe Ziel: Sein Herz. Seine Umgebung erfasste er mittlerweile gar nicht mehr. Er befand sich in diesem Moment in seiner eigenen Welt. Geisterhände erschienen. Seine Geisterhände. Sie griffen nach einem vorbei schwirrenden Feuerball, und als er die Erinnerung begutachtete und in sich aufnahm, bebte sein ganzer Körper. Eine Stimme ertönte:

Ich habe dir die Macht gegeben, und du wirst sie in meinem Sinne anwenden.

Gott?
Stille.
Die Stimme kam ihm allmächtig vor. Nur mit Worten hätte die Stimme sein Herz herausreißen können. Sie war so überwältigend, dass er am liebsten schreien wollte. Unendliche Ehrfurcht erfüllte ihn. Dann ein Wonnegefühl. So stark und überlegen sich die Stimme auch anhörte, lag doch etwas Väterliches in ihr. Glücksgefühle brachen aus seiner tief verborgenen Seele hervor. Hoffnung keimte in ihm auf. Verstehen bildete sich in seinem Verstand. Es war, als würde die Sonne selbst vom Himmel herabsteigen und ihm ihre Herzenswärme schenken.

Die Informationen, Bilder, Gefühle und Eindrücke brandeten immer schneller in sein Herz. Ein Strudel öffnete sich unter seinen Füssen und er wurde hineingezogen. Ihm hätte schwindelig sein sollen, doch das Schwindelgefühl blieb aus. Stattdessen nahm er unter sich eine große, glatte Fläche wahr. Kurz vor dem Aufprall verlangsamte sich sein Körper. Seine Füße berührten sanft den Boden, dann setzte er ganz auf. Keine Informationen, Bilder oder Gefühle schlugen mehr in sein Herz. Er brauchte auch kein Wissen mehr, denn er besaß das Wissen, welches er verloren geglaubt hatte.

Obwohl er wusste, wo er sich befand, musste er trotzdem über all die verstreuten Kristalle staunen. Jeder Kristall leuchtete in allen möglichen Farben. Blau, Grün, Rot, Gelb, Rosa, Lila und Braun. Und noch viele andere Farben kamen aus den Kristallen. Farben, die sein Verstand nicht fixieren und einordnen konnte. Eine Farbe fehlte allerdings vollständig, und Karl konnte sie auch nirgends entdecken: Schwarz. Die glatte Fläche reflektierte die Lichtstrahlen, die von den Kristallen ausgingen, und warf faszinierende Lichtspiele in die Luft. Ein Ende dieser glatten Fläche war nicht zu erkennen. Das war auch nicht möglich, denn die Ausdehnung war unendlich. Genauso wie die Anzahl der Kristalle. Er war schon einmal an diesem Ort gewesen. Falsch. Nicht nur einmal, sondern Millionen Mal.

Unzählbar viele Male. Es war das Zentrum allen Lebens in der Galaxie. Die Menschen nannten es den Garten Eden. Die Zeit spielte hier keine Rolle. Zeit und Raum waren in diesem Mittelpunkt des Lebens unbedeutend. Vor der Geburt hielt man sich hier auf und nach dem Tod kehrte man hierher zurück. In gewisser Weise war es das Zuhause allen Lebens. Ob Menschen, Pflanzen, Tiere oder andere Geschöpfe. Hier waren alle eins.

Du musst ihn aufhalten.

Die Stimme erklang wieder und kam von überall.

»Ich weiß. Ich werde ihn aufspüren und ihn dorthin schicken, wo er herkam. Ins Kolosseum.«

Ich weiß. Ich weiß immer. Die Macht, die ich dir für diese Mission schenkte, wirst du mit Bedacht einsetzen. Und Rache ist bei dieser Mission fehl am Platz.

»Ja.«

Gut.

Die Stimme verstummte und Karl erwartete, sie würde noch etwas sagen, doch dann tauchten gelbe Flecken vor seinen Augen auf. Er schloss die Augen. Sein Instinkt sagte ihm, dass sich etwas in seiner Umgebung änderte, er ließ aber die Augen geschlossen. Als er sie wieder aufschlug, schaute er in das besorgte Gesicht von Katja.

Draußen hatte sich der Himmel verdunkelt. Es regnete. Eine Eule schrie durch die Nacht. Karl runzelte die Stirn und fragte sich, wie lange er wohl traumatisiert gewesen war. Ihm kam es nicht lange vor, und doch muss die Reise in sein Innerstes mehrere Stunden gedauert haben, wenn man überhaupt von einer Reise sprechen konnte.

»Was ist passiert? Du sahst aus, als wärst du in einer Art Trance. Und das mehrere Stunden. Ich war schon dicht dran, einen Arzt herzubestellen. Ich bin nur froh, dass dieses eigenartige Leuchten nach kurzer Zeit aufgehört hat. Wenn nicht wäre ich jetzt möglicherweise blind!« Katjas Stimme überschlug sich fast.

»Und wie hast du es geschafft, dass der Deckel der Stahlkiste plötzlich aufsprang?«

Er schaute auf seine Hände herab, die immer noch die Kette festhielten.

Er wandte sich zu Katja: »Würdest du mir behilflich sein?« dabei deutete er auf die Kette.

Als Katja keine Anstalten machte, ihm zu helfen, fügte er hinzu: »Ich erklär dir alles danach.«

Katja stöhnte, warf die Hände in die Luft und meinte: »Männer. Nie können sie direkt auf eine Frage antworten.«

Sie half ihm, die Kette um seinen Hals zu legen.

Als sie fertig war, bedankte sich Karl und beide setzten sich wieder an den Tisch. Dabei stellte Karl den umgeworfen Stuhl wieder auf.

»Wahrscheinlich hört sich die Geschichte, die ich dir jetzt erzähle, verrückt an und du wirst mir nicht glauben.«

Katja winkte ab: »Das macht überhaupt nichts. Ich hab in letzter Zeit schon so viel Verrücktes erlebt, da kommt es auf eine weitere verrückte Geschichte auch nicht mehr an.«

»Also gut…«

Die Uhr auf der Kommode zeigte 20:37 Uhr.

22

Thomas hockte im dichten Unterholz. Ihm gegenüber auf der anderen Straßenseite befand sich das Haus von Professor Freimann. Das Haus war im typisch bayerischen Stil erbaut worden. Viel weißer Marmor und schöne Holzbalken zierten das Gebäude. Das Dach bestand aus roten Dachziegeln und ragte in die Höhe. Insgesamt besaß das Haus außer dem Erdgeschoss noch eine weitere Etage. Hinter einem der Fenster der oberen Etage brannte Licht.

Das Grundstück war mit ein paar Blumenbeeten angelegt worden. Hier und da stand auch eine große Tanne. Die Auffahrt führte von der Straße zu einer Garage, die sich rechts neben dem Haus befand. Vermutlich war die Garage mit dem Haus verbunden. Die Auffahrt war besetzt mit vielen kleinen, weißen Kieselsteinen.

Die Augen von Thomas wanderten vom Haus ab die Straße entlang und blieben auf einem Streifenwagen haften. Der Streifenwagen parkte etwas versetzt zur Auffahrt, sodass jeder, der aus der Auffahrt herauskam, den Streifenwagen nicht gleich bemerken würde. In dem Streifenwagen saßen zwei Männer. Thomas beobachtete die Männer. Seine Sicht war in der Dunkelheit genauso gut wie am helllichten Tag. Wieder ein kleiner Vorteil dank des Experimentes.

Einer der Männer rauchte eine Zigarette, und bei diesem Anblick bekam auch Thomas Lust, genüsslich zu rauchen. Normalerweise war er kein Raucher, aber was war an diesem Tag und letzter Nacht schon normal gewesen. Die beiden Männer unterhielten sich, Thomas konnte jedoch nicht hören, worüber. Superman war er also noch nicht. *Na ja, was nicht ist, kann ja noch werden*, dachte er und grinste bei dieser Überlegung.

Er durchdachte, wie er jetzt vorgehen sollte, doch dieser stumpfe Schmerz in seinem Hinterkopf, der immer schlimmer wurde, verhinderte konstruktives Denken. Heute Nachmittag hatte er damit zugebracht den Suchmannschaften auszuweichen. Es war ihm gelungen unbemerkt durch ihre Reihen zu schlüpfen und aus dem Wald zu entkommen. Aber auch später am Nachmittag gab es manchmal Situationen, in denen er plötzlich wegen auftauchenden Streifenwagen die Richtung ändern musste. Glücklicherweise war ihm das immer gelungen.

Dann werde ich wohl den direkten Weg wählen. Wieder grinste er.

Er zog den Regenmantel, den er aus seinem Gepäck entnommen hatte, etwas enger um sich und schlich sich von seinem Standpunkt aus in Zielrichtung des Streifenwagens.

Vor etwa einer Stunde fing es an zu regnen und seine Kleidung sog ständig weiteres Wasser auf.

Ohne Zwischenfall erreichte er den Streifenwagen und hockte nun noch etwa fünf Meter von diesem entfernt. Thomas zählte für sich bis drei und sprang dann auf den Streifenwagen zu. Mit einem lauten Krachen landete er auf der Motorhaube des Wagens. Die Motorhaube wies eine tiefe Delle auf. Zwei erschrockene Männer glotzten ihn durch die Windschutzscheibe an. Ohne Zögern rammte Thomas seine geballte Faust gegen die Windschutzscheibe, die daraufhin zersprang. Viele Glasscherben regneten auf die beiden Beamten herab und schnitten tief in ihre Gesichter und in ihre Hände. Blut spritzte in alle Himmelsrichtungen und vermischte sich mit dem Regen, der in den Streifenwagen regnete. Der Polizeibeamte auf dem Fahrersitz ließ seine Zigarette fallen und fummelte an seiner Dienstwaffe herum.

»Rauchen ist doch ungesund«, lachte Thomas den Polizisten an.

Dann packte er mit beiden Händen die Köpfe der Polizeibeamten und schlug sie mit voller Heftigkeit gegeneinander. Der Kopf des Polizeibeamten auf dem Beifahrersitz platzte wie eine überreife Wassermelone, die aus dem fünften Stockwerk auf die Straße geworfen wird. Gehirnmasse vermengte sich mit Blut und Wasser und verteilte sich im ganzen Innenraum des Wagens. Der andere Polizeibeamte war in sich zusammen gesackt und lag leblos in seinem Sitz.

»Eine wirklich große Sauerei, aber mein Teilziel ist erreicht. Guten Abend, meine Herren«, spaßte Thomas, drehte sich dann um und wandte sich seinem nächsten Ziel zu: Professor Freimanns Haus.

Gerade, als er die Auffahrt erreichte, sah er den Strahl einer Taschenlampe auf sich zukommen.

Mist. Also, nicht zwei, sondern drei Arschgesichter.

Thomas wirbelte herum und verschwand hinter der Ecke der Auffahrt. Die Konzentration bescherte ihm ruhigeres Atmen, die Muskulatur am ganzen Körper spannte sich. Als ein schemenhafter Umriss aus der Auffahrt heraus lief, handelte Thomas. Er machte einen Satz und keilte den Kopf des dritten Beamten in seinem rechten Arm ein. Ein kräftiges Zudrücken entrang dem Beamten ein Röcheln, bis dieser bewusstlos zu Boden fiel.

Jetzt haben die aber ganz schön Verluste einstecken müssen, urteilte Thomas. *Der übrig gebliebene Zeuge wird hoffentlich erzählen, sie sollten aufgeben, mich aufzuhalten.*

Er wandte sich wieder der Auffahrt zu und ging den Kieselweg entlang.

Hoffentlich haben sie Kaffee vorbereitet, Professor Freimann. Könnte mir jetzt echt gut tun. Bin auf ihre Gastfreundlichkeit wirklich gespannt.

Ein Lächeln breitete sich wieder auf dem Gesicht von Thomas aus.

23

»Also wenn ich dich richtig verstanden habe, hat diese Kette all deine Erinnerungen zurückgebracht.«
»So ungefähr.«
»Und den Deckel der Kiste hast du anscheinend zufällig durch das Betätigen eines Mechanismus geöffnet?«
»Ja. Wird wohl so gewesen sein.«
Beide saßen in Katjas BMW und fuhren zu Professor Freimann.
Karl hatte Katja alles über das Erlebte erzählt. Fast alles. Dieses Wesen, mit dem er die paar Worte gewechselt hatte, und die Welt, in der er gewesen war, ließ er bewusst aus.
Wenn sie davon wüsste, würde sie mich wahrscheinlich sofort in eine geschlossene Anstalt bringen, überlegte er zu dem Zeitpunkt.
»Eins verstehe ich aber noch nicht so ganz. Wie kann es sein, dass die Kette Kräfte besitzt?«
Karl holte tief Luft, um ihr alles noch mal zu erklären: »Also, noch mal von Anfang. Die Kette gehörte meiner Frau. Das Eigenartige ist nur, dass der Anhänger damals nicht bei der Kette war. Auf jeden Fall fand ich die Kette ungefähr drei Wochen, nachdem Sara getötet wurde. Als ich sie damals fand, war der Anhänger plötzlich dran, aber ich machte mir keine Gedanken darüber. Ich vermutete, dass Sara den Anhänger später dazu gekauft haben muss. Bei der Berührung der Kette schwappte eine ungeheure Kraft in meine Seele über, und seitdem habe ich die Fähigkeit, Feuer zu beherrschen. Ich weiß, dass es sich verrückt anhört, aber so ist es. Ich habe gelernt, die Fähigkeit richtig einzusetzen, und das ist schon viel Wert. Was es aber genau ist, weiß ich nicht. Nachdem ich diese Erkenntnis über die Kette und

meine neu erworbene Fähigkeit erhielt, hatte ich nur noch ein Ziel vor Augen: Saras Mörder stellen und hinrichten. Er sollte für den Mord an Sara seine gerechte Strafe erhalten: Den Tod.« Karls Miene verzog sich grimmig, ja fast schon bösartig.

»Meine Suche schloss ganz München und Umgebung ein. Hinweise auf den Aufenthaltsort hatte ich gar keine, trotzdem gab ich die Suche nicht auf. Schließlich stellte ich einen direkten Zusammenhang zwischen meinem Unfall und dem Mord an Sara fest. Damals wusste ich noch nicht, dass der Wagen, mit dem ich zusammenprallte, gestohlen war, so wie es uns Pfarrer Metzler mitteilte.

Ich wurde noch verbissener in meiner Suche nach dem Mörder und traf ihn schließlich. Gestern Nacht konnte ich ihn mitten in einem Wald nahe der Autobahn stellen. Ich weiß, dass er eine zweigespaltene Persönlichkeit hat, denn er redete mit sich selber in verschiedenen Tonlagen.« Seine Stimme verstummte und er dachte über das gestern Erlebte nach. »Es war schrecklich. Sein Körper war die aus einer Hölle entflohene Bestie. Halb Mensch, halb Monster. Viele Körperteile wiesen verblüffende Ähnlichkeit mit einem Wolf auf. Beim ersten Anblick dachte ich sogar, ein Werwolf würde mir gegenüberstehen. Er oder es oder was es auch immer war, stellte mir erst Fragen, von denen ich keine beantwortete. Dann verlangte es etwas von mir. In mir stieg eine Wut auf und ich verspürte enorme Rachegelüste. Ich wollte es nur noch töten. Die Fähigkeit, mit Feuer umzugehen, gab mir einen Vorteil und ich warf mit Feuerblitzen um mich, in der Hoffnung, diese Bestie zu erledigen. Es zeigte erstaunen und floh. Plötzlich drehte er sich noch einmal um, sagte mir etwas und eine Art Schock setzte bei mir ein, gefolgt von dem Gedächtnisverlust. Aber ich werde ihn wieder finden und dann das beenden, was ich begonnen habe.« Tränen kullerten seine Wange hinunter und er schluchzte.

Katja reichte ihm ein Taschentuch aus dem Handschuhfach, mit welchem er sich das Gesicht abwischte. *Wie eine Hor-*

rorgeschichte, dachte Katja, hatte aber vollstes Mitgefühl für Karl. Eine Regung machte sich in ihrem Inneren bemerkbar. Sie wünschte sich nichts sehnlicher als ihn zu umarmen und zu trösten. War das Liebe? Sie kannte Karl erst seit einem Tag und doch fühlte sie sich von ihm jetzt schon angezogen. Vielleicht war sie von ihm auch deshalb angetan, weil auch er eine Fähigkeit besaß, die ihn zu etwas Besonderem machte. Sie verscheuchte den Gedanken und konzentrierte sich wieder auf die Straße.

Er seufzte und schaute niedergeschlagen durch die rechte Fahrzeugscheibe. Draußen war es dunkel. Es regnete und ein kalter Wind wirbelte über die Häuser.

»Wir sind da«, meldete sich Katja.

Das Haus von Professor Freimann zeichnete sich vor ihnen aus der Dunkelheit ab. Straßenlaternen warfen Licht auf die Straße und den Gehweg vor dem Haus. Auf der rechten Straßenseite stand ein Streifenwagen. Beim Vorbeifahren erkannte Karl die zertrümmerte Windschutzscheibe.

»Was ist das?!«, rief Karl. »Halt sofort an!«

Katja bremste und lenkte den Wagen zum Bordstein. Karl hüpfte aus dem Wagen. Mit wenigen Schritten war er beim Streifenwagen angelangt und schaute bestürzt auf die zwei Leichen der Beamten.

»Oh mein Gott. Scheiße!« Neben ihm stand jetzt auch Katja. Ihre Augen waren vor Entsetzen weit geöffnet.

»Wer kann so etwas tun?«, fragte Katja.

»Ich habe keine Ahnung, aber wir sollten schleunigst zu Professor Freimann gehen. Mein Instinkt sagt mir, dass in seinem Haus irgend etwas Schreckliches vor sich geht.«

Beide wandten sich gleichzeitig um, und sie fingen an zu rennen.

Als sie die Auffahrt erreichten bemerkte Karl den bewusstlosen Beamten.

»Nicht noch ein Toter«, flüsterte Karl. Beim Bewusstlosen kniete er sich hin und fühlte den Puls des Beamten.

Ein erleichtertes Seufzen entrang Karls Kehle.

»Ist er tot?«, fragte Katja.

»Nein. Jemand muss ihn so lange gewürgt haben, bis er bewusstlos auf den Gehweg fiel. Auf jeden Fall lebt er noch.«

Karl erhob sich und beide begaben sich zu Professor Freimanns Haus. Beide fingen an die Auffahrt hochzulaufen. Licht brannte im ersten Stockwerk des Gebäudes. Ein zweites Mal seit heute Morgen setzte Karl seine Fähigkeit ein, um besser sehen zu können. Die Konzentration, die er benötigte, ließ ihn langsamer werden. Dieses Gefühl, eine Kamera in den Augen zu haben, überraschte ihn wieder. *Daran werde ich mich wohl nie gewöhnen können,* dachte er. Beim Heranzoomen erkannte Karl zwei Gestalten im Zimmer, in dem Licht brannte. Es schien als würden sie sich angeregt unterhalten. Dann war ein kurzer Kampf zu sehen, und schließlich waren beide Gestalten vom Fenster verschwunden.

Karl verdoppelte seine Anstrengung und ließ Katja damit weit hinter sich. Er hörte ihr Keuchen, welches so laut war, als würde ein Bulle hinter ihm herlaufen.

Ohne zu bremsen, raste er mit seiner Schulter vorneweg gegen die Eingangstür. Ein kurzer, bohrender Schmerz ließ ihn fast sein Gleichgewicht verlieren, doch die Tür lag zu seinen Füßen. Er rannte weiter die Treppe hinauf und stieß jede Tür, an der er vorbei kam, weit auf. Die letzte Tür auf der linken Seite trat er förmlich aus dem Rahmen und blickte dann, als die Tür auf dem Boden lag, in zwei überraschte Mienen.

Zwei Männer schauten ihn an. Den einen Mann, graues Haar und fortgeschrittenes Alter, schätzte Karl als Professor Freimann ein. Der Professor sah ihm hoffnungsvoll ins Gesicht. Man konnte auch eine gewisse Ängstlichkeit erkennen. Er saß auf einem Stuhl. Den anderen Mann, Regenmantel, nasse Haare und ein gehässiger Blick, konnte Karl nicht zuordnen.

Der Raum war sehr geräumig. Auf einer Seite des Zimmers befand sich ein großer Kamin, in dem gerade ein kleines Feuer brannte. Die restlichen Möbelstücke waren, außer ein großer Eichenschrank, alle restlos zerstört.

Der Mann mit dem Regenmantel hielt einen Schürhaken in der Hand, den er sich vom Kamin genommen hatte. Dieser glühte noch an der Spitze. Die bedrohliche Haltung des Mannes sagte Karl, wenn er eine falsche Bewegung machen würde, hätte dieser kein Problem damit, den Schürhaken ins Gesicht des Professors zu drücken. Oder sogar in Karls Gesicht.

Schwellungen zeichneten sich auf dem Gesicht des Professors ab. Ein kleines Rinnsal Blut floss aus dem rechten Mundwinkel. Sein Jammern erinnerte an ein kleines Baby, welches aus lauter Missgeschick etwas Wertvolles kaputt gemacht hatte. Neben dem Professor lag ein zertrümmerter Laptop.

Karl versuchte ein Lächeln hinzubekommen: »Komme ich ungelegen?«

Jetzt schmunzelte auch der Unbekannte: »Tja. Das kommt ganz darauf an.«

Von unten vernahm Karl Geräusche, die Katja beim Treppenaufstieg verursachte.

Die Unsicherheit in Karls Stimme war nicht zu überhören: »Worauf kommt es denn an?«

»Es kommt darauf an, was sie hier wollen. Haben sie auch noch eine Rechnung mit unserem lieben Professor offen?«

»Ich bin hier, um auf einige Fragen Antworten zu bekommen. Der Professor könnte mir bei einem kleinen Problem helfen«, erwiderte Karl.

In diesem Augenblick erschien Katja in der Tür.

»Was ist hier los?«, wollte Katja wissen.

»Oha. Findet hier 'ne Party statt?« Die Augen des Unbekannten wurden groß. »Sie sind sehr hübsch«, dabei fuchtelte der Unbekannte mit dem Schürhaken in Katjas Richtung, »Aber ich bin unhöflich. Am besten stelle ich mich zunächst vor. Mein Name ist Thomas Langer. Und wie sind ihre Namen?«

»Mein Name ist Karl und das hier ist meine Verlobte Katja.«

»Wissen sie, Karl, sie sind ein riesengroßer Glückspilz in Bezug auf ihre Verlobte. Mit dem Professor werden sie allerdings etwas Pech haben. Seit Kurzem ist er leider nicht mehr in der Lage, irgendjemandem irgendwelche Fragen zu beantworten.«

»Warum? Was haben sie mit ihm gemacht?«, Karls Stimme überschlug sich fast.

Katja sah dem Professor tief in die Augen und war schockiert, was sie in seinen Gedanken las.

Mit leiser Stimme sagte Katja zu Karl: »Er hat ihm mit dem Schürhaken die Zunge herausgebrannt. Deshalb kann der Professor keine Fragen beantworten.«

Karl schaute ungläubig drein. »Sie haben ihm die Zunge herausgebrannt?«

Thomas stützte sich auf dem Schürhaken ab, als wenn es ein Spazierstock wäre. Da wo die Spitze des Schürhakens den Boden berührte, wurde es schwarz. »Na ja, es war wohl ein kleines Missgeschick von mir. Zufällig bin ich gestolpert und dabei mit dem Schürhaken in seinem Mund gelandet. So was soll ja täglich passieren.« Sein Grinsen wurde breiter.

»Wissen sie, was sie sind?«, fauchte Katja Thomas an. »Sie sind ein sadistisches Schwein, welches irgendwelche Komplexe hat und das an anderen Menschen auslässt.«

Thomas fing laut an zu lachen. »Ich bin ein sadistisches Schwein? Hahaha. Haben sie das gehört, Herr Professor?« Dabei schlug er dem Professor freundschaftlich auf den Rücken. Dann wurde Thomas wieder ernst. »Sie wissen doch gar nicht, worum es hier geht. Wie würden sie es finden, wenn ein verrückter Professor ein Experiment mit ihnen durchführt, und das auch noch gegen ihren Willen? Ein Experiment, bei welchem sie durch die Hölle gehen, Qualen, Schmerzen und Angst erleiden müssen. Sie können sich nicht wehren, weil sie angekettet sind wie ein räudiger Hund. Wenn ein Flehen um Gnade nicht fruchtet und ihnen weiterhin Leid zugefügt wird. Irgendwann wird nicht nur ihr Herz gebrochen, sondern auch ihre menschliche Seele.« Seine Stimme wurde immer lauter, und mittlerweile sprach er nur noch auf den Professor ein. »Man weiß, man kann nicht mehr bei den Menschen leben, weil man etwas Anderes geworden ist. Eine Veränderung ist in einem vorgegangen und sie ist wie ein Fluch. Flucht wäre die einzige Möglichkeit, aber wohin? Das ganze Leben wäre nur noch eine einzige Flucht, und man kann doch nicht entfliehen.« Mittlerweile schrie er den Professor an. »Sie haben mir mein ganzes Leben genommen. Damit aber nicht genug. Meine Gefühle bestehen nur noch aus Hass, Rachelust, Wut und Zorn. Soll ich mit diesen Gefühlen mein ganzes Leben verbringen? Sie haben alles zerstört, woran ich geglaubt habe, und wenn sie denken, sie hätten mir etwas Gutes damit getan, mich in dieses abscheuliche Wesen zu verwandeln, dann täuschen sie sich gewaltig. Ich bin der Erste gewesen, mit dem sie dieses Experiment gemacht haben, und ich kann ihnen versichern, dass ich der Letzte bin!«

Thomas hob den Schürhaken, um dem Professor seinen Gnadenstoß zu versetzen, doch Karl hatte während dieser Rede damit gerechnet, dass so etwas passieren würde. Seine Gedanken konzentrierten sich auf den Schürhaken. Etwas verdichtete sich in der Luft. Die Bisswunde wurde heiß und der Rubin an der Kette leuchtete in rotem Licht. Eine Hitzewelle breitete sich in seinem Körper aus.

Der Schürhaken sauste auf den Kopf des Professors nieder. Plötzlich blitzte der ganze Schürhaken in hellem rot und kleine Rauchschwaden bildeten sich zwischen den Händen von Thomas. Bevor der Schürhaken sein Ziel erreichen konnte, ließ Thomas ihn mit einem lauten Schrei fallen und drückte beide Hände gegen seine Brust. Leichte Verbrennungen verunstalteten die Hände. Feindliche Augen starrten Karl an.

»Was hast du getan? Dafür wirst du bluten.«

Karl schob Katja aus der Tür hinaus. Sie versuchte sich dagegen zu wehren, doch sie scheiterte an dem Versuch. Er drehte sich um, da kam Thomas auch schon auf ihn zu gestürmt und rammte ihm den Ellbogen in die Rippen. Mit einem lauten Aufstöhnen sackte Karl zu Boden. Hände packten ihn am Hosenbund und katapultierten ihn quer durch den Raum. Er landete auf einem zerbrochenen Stuhl. Die Sonnenbrille flog gegen die Wand und zerbarst. Zorn stieg auf.

Dieser Zorn verlieh ihm neue Kraft. Er sprang von dem zerbrochenen Stuhl auf, wich einem Schlag aus, der sein Gesicht hätte treffen sollen, wirbelte mit einem gekonnten Salto ein paar Meter zurück und warf, ohne zu überlegen, was er tat, Gedankenspiralen in den Kamin. Thomas stand genau vor dem Kamin und schaute Karl verdutzt in seine gelben Augen. Eine Feuerzunge leckte aus dem Kamin auf Thomas zu und traf. Thomas wurde durch die Kraft der Feuerzunge durch die Fensterscheibe nach draußen weggeschleudert. Er rollte sich auf dem Rasen ab und hüpfte wieder auf die Füße. Seine komplette rechte Körperhälfte wies weitere Verbrennungen auf. Die Kleidung brannte sich ins Fleisch und Thomas verspürte Angst und Schmerz.

Nicht wieder die Höllenqualen. Nein.

Am Fenster, aus dem Thomas herausgeschleudert worden war, sah Karl auf ihn herab.

Thomas hob die geballte Faust und schrie: »Ich werde dich töten, du Dreckskerl. Aber bevor das geschieht, wirst du zusehen, wie ich mich an deiner Verlobten vergehe und den Professor zu Tode quälen werde. Wir sehen uns wieder.«

Sirenen wurden in der Ferne hörbar. Thomas wandte sich um und lief die Auffahrt hinunter, überquerte die Straße und verschwand im Wald.

Karl verfolgte Thomas mit seinen Blicken, bis dieser verschwand. Die Sirenen wurden immer lauter. Als er sich umdrehte, sah er Katja beim Professor sitzen. Sie hielt ihm einen Notizblock hin und er schrieb eifrig Worte darauf. Katja flüsterte unentwegt in sein Ohr. Dann wurde seine Handbewegung immer langsamer und schließlich hörte er auf, zu schreiben. Sein Kopf fiel nach vorne.

Katja schaute Karl an und sagte: »Wir müssen verschwinden. Für den Professor kommt jede Hilfe zu spät. Dieser Kerl muss ihn schon einige Zeit gequält haben. Er ist an den ihm zugefügten Verletzungen gestorben.«

Karl nickte. Er fühlte sich niedergeschlagen. Wer hätte wissen können, dass sich dieser Abend so entwickeln würde? Keiner.

»Hast du noch etwas Wichtiges aus ihm herausbekommen können?«

»Natürlich«, ein zaghaftes Lächeln erschien auf den Lippen von Katja, verschwand aber auch sofort wieder. Sie riss den beschriebenen Zettel vom Notizblock ab und steckte den Zettel in ihre Tasche. Beide verließen das Haus und gingen zu dem BMW. Als sie losfuhren und die ersten drei Straßenkreuzungen überquert hatten fuhren etliche Streifenwagen und ein Krankenwagen an ihnen vorbei.

Während der Fahrt sprachen beide kein Wort, bis Karl merkte, dass Katja nicht Richtung Hotel fuhr. Er schaute sie fragend an. Seine gelben Augen erhellten sich. Katja wich dem Blick Karls aus und räusperte sich.

»Als du am Fenster standest sagte ich dem Professor, weshalb wir ihn besucht hatten. Daraufhin schrieb er mir eine Wegbeschreibung mit den Worten ›Fahrt dort hin und eure Fragen werden beantwortet‹ auf. Darunter notierte er noch eine Zahlenkombination. 3 – 3 – 1 – 8 – 2 – 4. Was hat das zu bedeuten?«

Hoffnung keimte wieder in Karl auf.

»Der Professor ahnte wohl, dass seine Verletzungen ernster waren als sie aussahen, und merkte, dass er nicht mehr lange leben würde. Die Zahlenkombination wird wohl für einen Privattresor sein. Wenn er schon schrieb, dass wir dort Antworten finden werden, glaube ich ihm. Todgeweihte lügen nicht.«, sagte Katja.

Das klang plausibel, doch zu hundert Prozent sicher war sich Karl nicht. Es würde sich zeigen, was sie dort vorfinden würden.

24

Der Hase stand auf seinen zwei Hinterläufen und horchte. Hatte der Hase irgendetwas gehört? Farn raschelte. Der Hase war nicht alleine. Er witterte Gefahr. Seine Löffel zuckten wie Radarantennen nach rechts und links. Plötzlich preschte eine massige Gestalt durch das Unterholz. Ein Knurren war zu hören. Vor lauter Angst sprang der Hase nach vorne, lief an Wurzeln und Farn vorbei, um sein Leben zu retten. Doch die Gestalt war schneller und holte auf. Gerade wollte der Hase einen Haken schlagen, da gruben sich schon spitze Zähne in seinen Nacken. Ein kräftiger Biss brach dem Hasen das Genick. Schlaff hing der Hase aus dem Maul der Gestalt heraus. Rote Augen leuchteten in die Finsternis. Der Wind pfiff ein Lied und der Regen trommelte im Rhythmus dazu. Fleischbrocken wurden aus dem toten Tier heraus gerissen und hinunter geschlungen. Die rasiermesserscharfen Zähne zermahlten die Knochen. Als die Gestalt mit ihrem Mahl fertig war und nur noch vereinzelte Knochen daran erinnerten, dass es sich mal um ein Tier handelte, hob es die Nase in die Luft und schnupperte.

»Er ist es. Endlich rieche ich ihn.«

Kurze Pause.

»Dann wird es jetzt Zeit, ihn um Hilfe zu bitten.«

…………

»Ja.«

Die Gestalt erhob sich und ging mit schnellen Schritten in die Richtung, aus der ihm der Wind den Geruch des Gesuchten zutrug.

25

»Das gibt es doch nicht!« Stauder warf die Hände über den Kopf. »Ich stelle extra drei Beamte ab, um das Haus des Professors zu observieren, und am Ende habe ich zwei tote Beamte, einen bewusstlosen Kollegen und einen toten Professor, einen beschädigten Streifenwagen und ein Trümmerfeld im Haus des Professors. Was soll ich davon halten? Noch nicht genug, dass wir heute Nachmittag bei der Verhaftung von Thomas Langer eine Niederlage einstecken mussten, jetzt kommt dieser Mist noch dazu.«

Trauber sah seinen Freund mitfühlend an.

»Ich habe Thomas Langer in Aktion gesehen und du darfst ihn nicht unterschätzen. Er ist sehr gefährlich.«

»Ach, sag bloß«, brauste Stauder auf. »Natürlich darf ich ihn nicht unterschätzen. Aber er ist auch nicht Superman. Soll ich etwa eine ganze Hundertschaft für ein Haus zur Observation abstellen? Das ist doch lächerlich.«

»Da wäre ich mir nicht so sicher«, murmelte Trauber und blickte ehrfürchtig zu dem zersplitterten Fenster.

Stauder wandte sich zu den Polizeibeamten um, die den Tatort untersuchten: »Schon irgendetwas hilfreiches gefunden?«

»Ja, Herr Kommissar.« Ein Beamter reichte ihm einen Notizblock. »Der wurde bei dem Professor gefunden. Er muss vor seinem Tode noch etwas geschrieben haben.«

Der Blick Stauders musterte den Notizblock.

»Hast du zufällig einen Bleistift dabei, Wolfgang?«

Trauber kramte in den Taschen seiner Jacke. »Ja. Ich müsste einen dabei haben.«

Er fand einen Bleistift und reichte ihn Stauder. Dieser bearbeitete den obersten Zettel des Notizblockes mit dem Bleistift, bis sich eine Schrift wie durch Zauberhand offenbarte.

»Eine Wegbeschreibung. Gut. Ich werde diesmal selbst dort hinfahren. Keine Fehler mehr. Vielleicht können wir diesmal diesen Thomas Langer dingfest machen. Wolfgang. Du forderst noch drei Beamte an, die uns zu dieser Adresse begleiten. Hier am Tatort wird weiter nach Hinweisen gesucht. Ich denke, wir müssen uns jetzt ein bisschen beeilen. Wer weiß, was Thomas Langer bei dieser Adresse will. Außerdem schrieb er eine Zahlenkolonne auf. Lass überprüfen, was sie zu bedeuten hat.«

Wolfgang nickte, notierte sich die Zahlenkombination und eilte schon aus dem Raum.

Nachdenklich blickte Stauder auf den Zettel.

›Fahrt dort hin und eure Fragen werden beantwortet‹. Was soll das nun wieder heißen? Hat sich Thomas Langer verdoppelt oder wieso formulierte der Professor eine Nachricht, die an mehr als eine Person gerichtet war? Eigenartig. Der bewusstlose Kollege, der in der Auffahrt des Hauses gefunden worden ist, sagte doch eben eindeutig, eine Person hätte ihn plötzlich von hinten gewürgt. Waren hinter ihm vielleicht zwei Personen gewesen und die andere hatte er nicht bemerkt? Oder war diese Nachricht gar nicht für Thomas Langer bestimmt gewesen? Wolfgang kam wieder in den Raum und meldete ihm, dass Kielbauer, Birke und Sander die Beiden begleiten würden. Gerade wollten die Beiden das Haus verlassen und standen schon auf dem Weg, der zur Auffahrt führte, als ein Beamter herbei geeilt kam und wild mit den Armen ruderte wie ein Sportruderer.

»Herr Kommissar, warten sie. Wir haben da etwas sehr Merkwürdiges gefunden.«, schnaufte er atemlos. »Der Schürhaken, mit dem man Professor Freimann die Wunden zugefügt hat, ist immer noch äußerst heiß.«

Stauder runzelte die Stirn. »Na und? Was soll daran so merkwürdig sein?«

Der Beamte kam vor Stauder zum Stehen. »Na ja. Wenn man den Schürhaken ins Feuer legt, so legt man ihn so ins Feuer, dass man ihn danach noch anfassen kann. Aber der ganze Schürhaken, von der Spitze bis zum Haltegriff, ist heiß. Und nicht nur heiß, er glüht richtig. So eine Temperatur lässt sich nicht lange aufrecht halten. Normalerweise müsste der Schürhaken schon längst abgekühlt sein, jedenfalls bis zu einem gewissen Grad.«

Die Augen von Stauder wurden immer größer. Seine Gedanken wanderten zu seinen Alpträumen, in denen er immer viel Hitze verspürt hatte. »Das ist allerdings merkwürdig«, sagte er zu dem Beamten.

»Das ist aber noch nicht alles«, sprach der Beamte weiter. »Vor dem Kamin wurde ein riesiger, verkohlter Fleck auf dem Boden entdeckt. Die Lage des Flecks kann nur bedeuten, dass aus dem Kamin eine Flamme herausgeschossen sein muss. Wenn man eine Gerade zum Fenster ziehen würde, wäre diese Gerade perfekt. Vielleicht ist das auch die Ursache des zersplitterten Fensters.«

Eine Flamme? Jetzt war es nicht mehr merkwürdig, sondern beängstigend. Stauder schaute nach oben und betrachtete das zersplitterte Fenster. Die Glasscherben lagen verstreut auf dem Rasen und dem Kieselweg. Was war nur in dem Raum geschehen? Stauder wollte das um alles in der Welt herausfinden.

»Schreiben sie alles bis ins kleinste Detail in ihren Bericht.« Dabei wandte er sich um und ging mit zügigen Schritten die Auffahrt hinunter auf seinen Wagen zu. Trauber folgte in einigem Abstand und dachte über das Gehörte nach.

26

Die Kopfschmerzen wurden schlimmer. Thomas hielt sich den Kopf und fluchte. Seine Schritte glitten durch den aufgeweichten Waldboden. In seiner rechten Hand schwang sein Rucksack hin und her. Auf dem Weg aus dem Haus und durch den Wald las er den Rucksack aus seinem Versteck auf, um danach seinen Weg weiter fortzusetzen.

»Ich muss mich beeilen. Wenn der Professor den Beiden auch mitgeteilt hat, wo man noch weitere Aufzeichnungen über seine Experimente finden wird, hab ich ein Problem. Die sind sicher mit einem Auto vorgefahren und kommen dort also schneller hin. Wenn nur nicht die Kopfschmerzen wären.«

Aus seinem Gehen wurde Laufen. Hinter ihm wirbelten seine Schuhe Dreck auf. Der Regen hatte aufgehört, doch der Wind wurde immer heftiger.

Seine Gedanken wanderten wieder zu dem Mann zurück, welcher sich als Karl vorgestellt hatte.

War er seinesgleichen? Die gelben Augen verwirrten ihn. Thomas glaubte bis an diesem Abend nicht an Hokuspokus oder Zauberei, aber die Vorstellung, der Schürhaken sei durch Zufall so heiß geworden oder die Flamme, die aus dem Kamin geschossen kam, wäre wissenschaftlich zu erklären, schob er weit von sich. Dieser Karl besaß gewisse Kräfte, die er nicht erklären konnte. Er hatte gespürt, als der Schürhaken mit einem Schlag heiß wurde, dass die Quelle von Karl gekommen war. Aber nicht nur Karl hatte ihn verwirrt, auch dieses Mädchen war etwas Besonderes. Er hatte nichts verlauten lassen, dass er dem Professor die Zunge weggebrannt hatte, und doch wusste diese Katja genau den Grund, warum der Professor keine Fragen mehr beantworten konnte. Dieser Blick in ihren Augen. Konnte sie Gedanken lesen? Waren die Beiden vielleicht mächtige Magier? Er wusste darauf keine Antwort. Eines wusste er jedoch. Er würde sich an beiden rächen. Vor allem an Karl. Seine Hände berührten wieder die rechte Seite. Die Haut glühte immer noch heiß und es roch nach verbranntem Fleisch. Die Kleidung war an manchen Stellen in das Fleisch hinein gebrannt und verursachte Thomas unerträgliche Schmerzen. An den Handflächen bildeten sich nun kleine Brandblasen. Die Verbrennungen an den Handflächen waren jedoch nicht so schlimm wie die zugefügten Verletzungen an der rechten Körperhälfte.

Er biss die Zähne zusammen und lief weiter durch den Wald. Der Wind kühlte die verbrannte Haut ein wenig ab, und er genoss es.

Er erinnerte sich wieder an das Gespräch mit dem Professor. Thomas hatte es genossen, den Professor zu schlagen. Hätte er nicht daran gedacht, dass er noch von ihm Informationen brauchte, hätte er ihn wahrscheinlich totgeschlagen. Obwohl er aufgehört hatte, sah der Professor nicht mehr ganz fit aus.

Ob er noch lebt? Gönnen tue ich es ihm jedenfalls nicht. Hoffentlich ist er an den Verletzungen verreckt.

Thomas grinste. Und wenn er noch leben sollte, konnte er die ganze Aktion ja noch mal wiederholen. Kein Problem. Für ihn wäre es eine Freude. Wenn er es sich recht überlegte hatte er sogar noch einige Dinge vergessen, was er mit ihm machen wollte. Die Zunge heraus brennen war nur ein kleiner Teil seiner ausgedachten Perversionen.

Wenn der Professor tot ist, werde ich das eben mit Herrn Karl machen. Und für die hübsche Kleine habe ich auch schon ein paar Ideen, dachte er und leckte sich dabei mit der Zunge über die Lippen. *Bald werde ich das Anwesen erreichen, und dann wird sich alles dem Guten zuwenden. Ich freue mich schon auf den Spaß, den ich haben werde.*

Er lief weiter durch den Wald und dachte dabei an die Untaten, die er den Beiden beim nächsten Wiedersehen antun würde. Nächstes Mal würde er auch vorsichtiger vorgehen, um Verletzungen zu verhindern.

27

Kurz vor Mitternacht bogen Katja und Karl mit dem BMW in einen kleinen Waldweg ab. Der Lichtkegel der Scheinwerfer erhellte den Rand des Weges. Büsche und Bäume zierten den Wegesrand. Einige Meter vom rechten Wegesrand entfernt erhob sich eine steile Felswand fast zwanzig Meter in die Höhe. Hier und da waren kleine Felsen herab gestürzt und versperrten Teile des Weges. Katja hielt den Wagen an.

»Den Rest des Weges müssen wir wohl oder übel zu Fuß zurücklegen.«

Sie suchte etwas auf dem Hintersitz und gab Karl eine Taschenlampe.

»Hier, damit du unterwegs nicht stürzt«, sagte sie und lächelte ihn an.

Karl nahm dankend die Taschenlampe entgegen, obwohl er wusste, er würde sie nicht brauchen, und beide stiegen aus. Er strahlte den Weg vor sich mit der Taschenlampe ab und sah, dass der Weg in etwa 80 Metern Entfernung um eine Biegung verschwand. Als sie losmarschierten blieben sie dicht beisammen. Nach einiger Zeit spürte Karl die Hand von Katja in seiner Hand. Die Dunkelheit beeinträchtigte ihn in seiner Sicht überhaupt nicht, weshalb er auch Katjas Gesicht genau erkennen konnte. Sie schaute ihn liebevoll an, so als wären sie schon lange ein Paar. Erinnerungen an seine Frau machten sich in seinem Inneren bemerkbar. Sara hatte ihn oft gefragt, ob er nach ihrem Tod, wenn sie eher als er sterben sollte, sich wieder verlieben würde. Er hatte dies abgestritten und ihr gesagt, seine Liebe wäre nur für sie bestimmt. Daraufhin musste sie lachen, umarmte ihn danach immer und wollte ihm klar machen, dass sie ihm nicht böse wäre, wenn es doch so kommen würde.

Seine Gefühle wirbelten in seiner Seele herum. Er verspürte Herzweh durch den Verlust seiner alten Liebe. Für Katja empfand er allerdings auch Gefühle. Sympathie und Zuneigung. Respekt und Verständnis. Richtige Liebe war es allerdings nicht. Dazu war der Verlust seiner alten Liebe noch zu frisch. Die Gefühle zu Katja und sein Verhalten ihr gegenüber erklärte er sich mit dem Ausdruck ›Beschützerinstinkt‹. Sie war eine Frau und für ihn in gewisser Weise schutzbedürftig. Jedenfalls empfand er es so. In dieser Beschützerrolle fühlte er sich auch wohl, weil es ihn von anderen, unangenehmeren Gedanken ablenkte. Katjas Fähigkeit, die Gedanken anderer Menschen lesen zu können, machte ihm immer noch ein wenig Angst und es verwirrte ihn, doch diese Angst schrumpfte von Minute zu Minute, je länger er mit ihr zusammen war. Außerdem war er ja auch nicht unbedingt als normal einzustufen, und das machte ihr bestimmt genauso viel Angst. Er war sich sicher, dass auch Katja etwas für ihn empfand. Vielleicht Liebe. Er nahm sich fest vor mit ihr nach dieser ganzen Sache darüber zu sprechen. Jetzt war allerdings definitiv der falsche Zeitpunkt.

Nach etwa einer halben Stunde Fußmarsch erreichten sie eine Lichtung, umgeben von dichtem Wald. Die Lichtung besaß ungefähr einen Durchmesser von zwei Kilometern. Auf der Lichtung befand sich ein großes Anwesen. Erbaut war es nur aus Holz, glich aber trotz allem einer kleinen Villa. Links und rechts der kleinen Villa befanden sich noch ein großer Stall und ein großer Geräteschuppen. Der Weg zur Villa führte durch ein Gemüsefeld, wo verschiedene Gemüsesorten angebaut wurden. Das Anwesen lag in vollkommener Dunkelheit. Kein Anzeichen irgendwelcher Bewohner war zu bemerken.

»Das Anwesen scheint verlassen zu sein«, flüsterte Katja Karl zu.

»Könnte sein. Oder die Bewohner sind schon am schlafen. Bedenke, wie viel Uhr wir haben.«

Katja schaute auf ihre beleuchtete Uhr. Die Digitalzahlen

zeigten Punkt Mitternacht an. »Wir haben Mitternacht. Ist ganz schön gruselig. Hoffentlich wartet im Haus nicht ein Werwolf oder ein Vampir.« Misstrauisch beäugte sie das Gebäude.

Karl musste laut auflachen. »Glaubst du etwa an solche Geschichten?«

Katjas Gesicht blieb ernst: »Wenn ich schon mit einem Magier unterwegs bin, der es versteht mit Feuer zu spielen, glaube ich auch an solche Geschöpfe der Nacht. Mir scheint, es ist heutzutage nichts mehr unmöglich.«

Nachdenklich betrachtete Karl Katja und nickte: »Du hast recht. Wir müssen mit allem rechnen. Komm. Wir werden das Haus jetzt mal unter die Lupe nehmen. Bleib nur dicht bei mir.«

Sie durchquerten das Gemüsefeld und erreichten ohne Zwischenfälle die Eingangstür der Villa. Die Vorhänge waren an den Fenstern rechts und links der Tür zu gezogen, sodass man keinen Blick ins Innere werfen konnte. An der Tür prangte ein riesiger Türklopfer in Form eines Wolfes. Im schwachen Mondlicht konnte man erkennen, dass er vergoldet war.

Karl betätigte den Türklopfer und ein lautes Pochen hallte durch die Nacht. Trotz kurzem Warten öffnete keiner die Tür.

»Entweder ist das Anwesen verlassen oder die Bewohner haben einen sehr tiefen Schlaf.« Karl betätigte nochmals den Türklopfer, aber auch diesmal erschien niemand, um ihnen die Tür zu öffnen.

»Meinst du, ein Fenster ist offen?«

»Das glaub ich weniger, Katja. Die Fenster werden wohl alle verschlossen sein. Ich überlege gerade, ob wir uns gewaltsam Eintritt verschaffen sollen oder ausharren, bis uns eine gute Lösung einfällt. Die Eingangstür scheint jedenfalls massiver zu sein als die Tür bei Freimanns Haus.«

»Kannst du nicht ein Loch in die Holztür brennen? Wir könnten uns dann da durch quetschen.«

Erst runzelte sich Karls Stirn, schließlich nickte er.

»Du hast recht. Ein Versuch ist es Wert. Ich darf nur nicht die Kontrolle über das Feuer verlieren.«

Er überreichte Katja die Taschenlampe und begann sein Werk. Seine rechte Hand berührte das kalte Holz der Tür. Die Gedanken in seinem Kopf verblassten und es blieb nur Leere. Er konzentrierte seine Gedanken auf eine Flamme. Sie entfachte in seinem Geist, vergrößerte sich und er fühlte, wie Wärme in ihm aufstieg. Als wäre sein Arm ein Leiter, floss die Wärme von seinem Geist in seine Hand und übertrug sich auf das Holz. Er spürte, wie die Halskette anfing zu glühen. Er lenkte noch ein wenig mehr Wärme durch seinen Arm. Schließlich entfachte ein Feuer und es brannte sich ein Loch in die Tür. Erstaunt beobachtete Katja das Geschehen. Das Loch vergrößerte sich immer mehr und es erreichte eine Größe, in der eine erwachsene Person hindurchschlüpfen konnte. Mit einem Schlag drehte er ein Ventil in seinem Geist zu und die Flamme erlosch.

»Unglaublich«, murmelte Katja.

Karl ordnete wieder seine Gedanken und führte sie in die richtigen Bahnen zurück. Dann machte er eine einladende Geste und sagte zu Katja gewandt: »Die Dame zuerst?«

Dabei grinste er von einer Wange zur anderen.

Katja lächelte zurück und begann durch das eingebrannte Loch zu steigen. Auf der anderen Seite leuchtete sie den ganzen Raum ab. Es hatte den Eindruck, dass der letzte Besuch auf diesem Anwesen schon sehr lange zurückliegen musste. Überall lag Zentimeter hoher Staub. Von Sauberkeit konnte keine Rede sein. Links neben der Tür stand auf einer Kommode ein Kerzenhalter mit drei Kerzen. Katja holte ein Feuerzeug aus ihrer Tasche und zündete sie an. Karl erschien im Loch. Für ihn war der Einstieg etwas schwerer gewesen, weil er größer war als Katja. Sein Körper füllte das ganze Loch aus. Als er sich durchzwängte und mit beiden Füßen im Korridor des Hauses stand, prustete er aus und stampfte mit den Füßen auf dem Boden. Die Dielenbretter knarrten besorgniserregend.

»Das Anwesen scheint ganz schön alt zu sein.«

»Wird wohl stimmen. Strom gibt es hier auf jeden Fall nicht.«, erwiderte Katja auf Karls Feststellung. »Und wenn es Strom gibt, dann wird er bestimmt über ein Stromaggregat gesteuert. Wo fangen wir jetzt an, in so einem alten Haus nach einem Tresor zu suchen?«, wollte Katja wissen.

»Ich vermute, der Tresor befindet sich in einer Art Arbeitszimmer, vorausgesetzt, hier gibt es so was. Wahrscheinlich wird der Tresor von einem Gemälde verdeckt, jedenfalls sieht man das immer in Filmen. Ich schlage vor, wir fangen oben an und arbeiten uns dann nach unten.«

»Einverstanden.«

Beide begaben sich in die obere Etage und begannen mit ihrer Suche.

28

Rote Augen beobachteten das verlassene Anwesen. Es kam ihm bekannt vor. War es schon einmal hier gewesen? Seine Augen wanderten zur großen Scheune hinüber. Der Körper zuckte und eine Erinnerung stieß durch die Oberfläche seines Selbst.

Männer in weißen Kitteln. Alle mit Mundschutz und Gummihandschuhen.

Die Weißkittel holten mich heraus.

Mich holten sie auch heraus.

Ich wurde in eine Höhle gebracht. Viele Menschen beobachteten mich.

Ich kann mich erinnern. Dort trafen wir uns das erste Mal.

Ich lag dann auf einer Pritsche.

Und ich lag auf einer anderen Pritsche.

Viele Schläuche verliefen aus meinem Körper.

Durch meinen Körper floss viel Blut.

Meine Pritsche bewegte sich und glitt auf ein riesiges Behältnis zu.

Auch meine Pritsche bewegte sich und glitt ebenfalls auf dieses riesige Behältnis zu.

Flüssigkeit umgab mich.

Mich auch.

Ich schrie vor Schmerzen.

Schmerzen durchfluteten meine Seele.

Ich vereinigte mich mit dir.

Ja. Körperlich.

Und wir wurden zu dem, was wir heute sind.

Ja. Es war ein Gefühl als wäre ich neu geboren.

Diese Männer machten uns zu einem Monster. Das ist Folter.

Ja. Sie steckten zwei Seelen in einen Körper. Aber taten sie es nicht im Namen der Wissenschaft?

Pah. Sie verdienten den Tod. Nach unserer Vereinigung metzelten wir sie nieder und sie hatten es nicht anders verdient.

Ein Schütteln ließ den Körper erbeben. Seine roten Augen verblassten kurz, wurden dann aber wieder zu einem vollen Rot. Der Blick wanderte zurück zum Haus. Die menschliche Nase erhob sich in die Luft und schnupperte. Aus seiner Kehle entrang ein Knurren.

»Er ist da drin, aber ich rieche noch etwas. Ein weibliches Wesen. Sie wird mir nicht in die Quere kommen, sonst töte ich sie. Und er? Er wird mir endlich helfen oder einen noch nie dagewesenen Tod erleben. Die Entscheidung ist gefallen.«

Es preschte durch das Unterholz und lief auf allen Vieren mit hoher Geschwindigkeit auf das Haus zu.

29

Thomas stand hoch oben auf der Felswand, die hinab in die Tiefe führte. Unten befand sich ein Weg, der sich ein Stück an der Felswand zwischen Bäumen hindurchschlängelte. Was sich unten auf dem Weg tat, konnte er nicht genau erkennen, doch sagten ihm die dunklen Schatten und deren Bewegungsrhythmen, dass es sich um Polizeibeamte handeln musste. Ein Wagen versperrte die Durchfahrt für die Polizeiwagen. Die Beamten, insgesamt fünf, durchsuchten den Wagen und diskutierten untereinander. Taschenlampen wurden angeschaltet. Nach kurzer Zeit gingen die Männer zu Fuß weiter. Thomas holte tief Luft. Er war zwar mit einer hohen Geschwindigkeit sehr weit gelaufen, konnte aber keine Erschöpfung feststellen. Noch konnte er weiterlaufen, wollte es aber nicht. Ihm würde es reichen, mit den Polizisten zeitgleich auf dem Anwesen anzukommen. Er drehte sich um und folgte den Männern in gebührendem Abstand oben auf der Felswand.

Die Brandverletzungen waren mittlerweile durch den ständig an ihm vorbei sausenden Wind abgekühlt. Schmerzen verspürte er kaum noch. Der einzige Schmerz, der immer stärker wurde, waren die Kopfschmerzen. Es war, als würde jemand mit einem Hammer von innen gegen seine Schädeldecke schlagen. Und das in einem sich ständig ändernden Rhythmus. Mal schneller, mal langsamer. Zwischenzeitlich wurde ihm auch schwindelig, was aber jedes Mal sehr schnell wieder verging.

»Wenn ich mich an diesem Dreckskerl und seinem Flittchen gerächt habe, kümmere ich mich endlich mal um meine Kopfschmerzen«, murmelte er und verzog schmerzhaft das Gesicht, wobei er sich wieder an den Kopf fasste.

30

»Ich glaub, ich hab es gefunden«, rief Katja Karl zu, der gerade damit beschäftigt war unter einen großen Mahagonischreibtisch zu schauen.

Karl hob neugierig den Kopf, um zu sehen, was Katja entdeckt hatte, stieß sich dabei aber den Kopf an der Tischplatte. Ein Stöhnen kam aus seinem Mund, und als Katja ihn erblickte, rieb er sich den angestoßenen Kopf. Katja hielt sich die Hand vor den Mund, um ein Lachen zu unterdrücken. Es gelang ihr nur leidlich.

»Das wird bestimmt eine dicke Beule«, sagte Karl, dabei rieb er sich den angestoßenen Kopf.

Jetzt konnte sich Katja nicht mehr zurückhalten. Sie prustete los. Ihre Hände hielten sich den Bauch.

»Ist ja schon gut. Du findest das vielleicht lustig, aber mir dröhnt jetzt der Kopf, als hätte ich mit Hippies einen fetten Joint geraucht«, teilte ihr Karl wehleidig mit. »Was hast du denn Tolles entdeckt?«

Sie beruhigte sich wieder einigermaßen und deutete auf ein riesiges Gemälde. Es war knapp einen Meter breit und bedeckte die Wand vom Fußboden bis zur Decke.

Das Gemälde zeigte eine Schlacht. Engel bevölkerten einen blauen Himmel. Sie waren mit Schwertern aus gelbem Licht bewaffnet und kämpften gegen eine Vielzahl von Geschöpfen, die wie Ausgeburten der Hölle aussahen. Das Gemälde zeigte auch eine große Höhle unter dem Erdboden, wo Feuersäulen in die Höhe schossen. Ein Höhlenausgang spuckte noch mehr Bestien heraus. Der Erdboden war mit vielem Blut getränkt und es lagen überall tote Engel und Monster in absurden Stellungen auf dem Boden.

Im oberen Bereich des Gemäldes, da, wo sich der Himmel befand, leuchtete ein gelbes Augenpaar und schaute auf die Kampfhandlungen herab. Im unteren Bereich schaute ein rotes Augenpaar auf das Kampfgetümmel. Ganz schwach konnte man noch ein weißes Augenpaar in der Mitte des Gemäldes zwischen den Kämpfenden erkennen. Ein Auge schaute auf das obere Augenpaar, das andere auf das untere Augenpaar.

»Das gibt es doch nicht«, sagte Karl erstaunt, »Einige Dinge auf dem Gemälde kommen mir richtig bekannt vor.«

»Wenn ich mir das Gemälde so anschaue, fröstelt es mir. Derjenige, der es gemalt hat, muss wohl eine Vision gehabt haben.«

Karl berührte das Gemälde mit den Fingerspitzen. Die Oberfläche war rau, wobei die drei Augenpaare eine glatte Oberfläche aufwiesen. Die Dicke der aufgetragenen Farbe war sehr unterschiedlich. Auch der Farbkontrast wies in keinen zwei Fällen die gleiche Stärke auf. In der rechten unteren Ecke des Gemäldes entdeckte er die Initialen des Malers. *A. M.* Ganz klein unter den Initialen stand ein Datum: *3.3.1824.*

»Ein Profi seines Handwerkes. Der Mann oder die Frau hat es verstanden, einen beeindruckenden Stil zu finden. Man könnte bei diesem Gemälde schon fast von einem Meisterwerk reden.«

»Woher willst du das wissen? Hast du Kunst studiert?«, fragte Katja skeptisch.

»Um ehrlich zu sein: Ja. Drei Semester lang, bis ich feststellte, dass meine Berufung woanders liegt.«

»Jetzt überraschst du mich aber. Hätte ich von dir nicht gedacht.«

In Karls Gesicht zeigte sich ein großes Grinsen. »Eine gute Geheimwaffe, um Frauen zu beeindrucken.«

Mit einem Finger deutete er auf die weißen Augen in der Mitte des Gemäldes. »Kommt dir das bekannt vor?«, fragte er.

»Ja. Irgendwie schon. Wo hab ich das nur schon gesehen?« Katjas Gesicht wurde nachdenklich.

»Ich kann dir etwas auf die Sprünge helfen. Denk mal an Professor Freimanns Haus, speziell an Thomas Langer.«

Verstehen bildete sich auf dem Gesicht Katjas. »Stimmt. Das hat mich auch sehr verwirrt. Er besaß absolut weiße Augen. Keine Spur von Pupillen. Ich dachte erst, er wäre blind.«

»Richtig. Und diese Augen«, dabei deutete er auf das rote Augenpaar, »sind von dem Kerl, mit dem ich gestern Abend aneinandergeraten bin. Der Mörder meiner Frau. Und das gelbe Augenpaar dürfte dir ja zur Genüge bekannt vorkommen.« Karl starrte Katja aus seinen gelb leuchtenden Augen an.

»So langsam bekomme ich richtig Angst. Am liebsten würde ich das Gemälde in Ruhe lassen und diesen Ort verlassen.«

Karl nickte. »Verstehe ich, aber das kann ich nicht. Ich muss das Geheimnis lüften.« Er dachte an seinen Auftrag und hoffte insgeheim, er würde schnellstmöglich diese Bestie finden.

»Nichtsdestotrotz hast du recht. Hinter dem Gemälde wäre ein ideales Versteck für einen Tresor. Zusätzlich dieses Datum. Kommt dir das nicht bekannt vor?«

Nach kurzer Betrachtung fiel es Katja wie Schuppen vor den Augen. Sie kramte in ihren Taschen und holte den Notizzettel heraus, auf dem die Informationen von Professor Freimann standen. Die angegebene Zahlenkombination sprang ihr förmlich entgegen.

»Das könnte der entscheidende Hinweis sein.«

Karl stimmte Katja zu. »Das ist der entscheidende Hinweis!«

Beide versuchten, das Gemälde zur Seite zu schieben. Nichts tat sich. Das Gemälde rührte sich um keinen Zentimeter von seinem Platz.

»Vielleicht gibt es einen Mechanismus, ähnlich wie bei der Stahlkiste«, warf Katja ein.

»Könnte sein, aber wo?« Karl grübelte nach. *Wo würde ich einen Mechanismus anbringen, wo ihn keiner vermuten würde? Zu kompliziert darf ich aber auch nicht denken, schließlich soll der Mechanismus auch leicht erreichbar sein. Mmh.*

Seine Gedanken trieben von einer Ecke des Gehirns zur anderen. Beim Betrachten des Arbeitszimmers, in dem sie sich befanden, schweifte sein Blick über den großen Mahagonischreibtisch, den er zuvor untersuchte.

Natürlich, dachte er. *Wenn man einen Arbeitsplatz hat, will man den Mechanismus sicher in der Nähe haben.*

Er stiefelte zum Schreibtisch hinüber und entdeckte unter der Tischplatte, wo er sich zuvor den Kopf anstieß, einen kleinen, schwarzen Knopf. Für schlechte Augen war er schwer zu erkennen, aber Karl besaß ja gute Augen, sodass es für ihn kein Problem war, den schwarzen Knopf von dem schwarzen Mahagoni, aus dem die Tischplatte bestand, zu unterscheiden.

»Ich hab ihn gefunden«, rief er.

Gerade berührte sein Zeigefinger den Knopf, um ihn zu drücken, als von oben ein polterndes Geräusch zu hören war. Sein Zeigefinger hielt inne und er schaute über die Tischplatte Katja an. Diese sah verdutzt an die Decke.

»Was war das?«, fragte sie argwöhnisch.

»Keine Ahnung. Vielleicht irgendwelche Mäuse oder Ratten, die sich in diesem Haus eingenistet haben.«

Es polterte wieder, nur kam es von etwas weiter vorne, da, wo sich die Tür zum Arbeitszimmer befand. In das Poltern mischte sich ein tiefes Knurren wie von einem Wolf.

»Du kannst mir erzählen, was du willst, aber das sind bestimmt keine Mäuse oder Ratten.«

Karl warf einen Blick in die Richtung, aus der die Geräusche kamen. *Mist. Gerade jetzt, wo ich kurz davor stehe, ein Geheimnis zu lüften, werde ich gestört. Egal. Ich muss mich einfach auf meine Aufgabe konzentrieren.*

Entschlossen drückte er auf den schwarzen Knopf und erhob sich. Erwartungsvoll starrte er auf das Gemälde. Ein Geräusch erklang, so als würden viele kleine Räder durch Irgendetwas angetrieben werden. Das Gemälde ruckte und rollte förmlich zur Seite.

Katja sprang mit einem Aufschrei ein paar Schritte zurück.

Hinter dem Gemälde tat sich eine Öffnung auf. Die Dunkelheit, die dahinter herrschte, ließ nur die obersten drei Stufen erkennen.

»Ein Gang, der hinabführt. Mach deine Taschenlampe an, wir werden hinuntersteigen. Schnell!«, befahl Karl.

Das Knurren wurde lauter und näherte sich von außen der Tür zum Arbeitszimmer. Der Wolf, oder was auch immer im Haus war, befand sich mittlerweile im Flur. Katja knipste die Taschenlampe an und stieg langsam die Stufen hinab. Dabei beleuchtete sie Wände und Decke. Diese bestanden aus Holz, so wie der Rest des Hauses. Die Stufen knarrten unheilvoll unter den Schritten der zwei Personen. Nirgends war ein Lichtschalter geschweige denn irgendeine Lampe zu sehen. Die Augen der beiden gewöhnten sich rasch an die Dunkelheit, und Karl konnte durch seine große Sichtweite sehr weit hinabsehen. Leider konnte er kein Ende der Treppe erkennen. Er fing an, die Stufen zu zählen, hörte aber bei der hundertsten Stufe auf, weil er anfing, sich des Öfteren zu verzählen.

Kurze Zeit, nachdem sie angefangen hatten die Treppe hinab zu steigen, hörte das Knurren auf. Erst viele Stufen später hörten sie wieder Geräusche von oben. Jemand folgte ihnen.

Katja schaute einige Male während ihres Abstiegs über die Schulter und konnte zweimal weit oben in der Dunkelheit zwei leuchtend rote Punkte erkennen. Ihr lief ein Schauder über den Rücken, denn sie ahnte, wer ihnen da folgte. Sie verdoppelte ihre Geschwindigkeit, achtete aber darauf, in der Dunkelheit nicht zu stolpern.

Die Zeit, die sie benötigten um die Treppen hinab zu steigen, kam den beiden wie eine Ewigkeit vor. Katja bemerkte während des Abstiegs, dass sich die Holzdecke und die Holzwände zu Stein verwandelten. Auch das Geräusch der knarrenden Stufen hörte auf und sie liefen auf Steinstufen weiter in die Tiefe.

Endlich endeten die Stufen in einem kurzen Gang, der bis zu

einer Stahltür führte. Die Stahltür war weit geöffnet und ließ in einen kleinen Raum blicken. Beide stürmten hinein ohne sich den Raum näher anzusehen. Sie schlossen die Tür hinter sich und legten einen Eisenriegel davor, um das Öffnen der Tür von außen zu verhindern.

Sie waren gerade damit fertig geworden, als etwas unglaublich Starkes gegen die Stahltür prallte, sodass eine große Beule in der Tür entstand. Beide entfernten sich erschrocken von der Tür. Die Scharniere der Tür quietschten beängstigend. Das Knurren wurde lauter und erstarb plötzlich.

Ein Winseln war zu hören und eine menschliche Stimme sagte: »Du musst mir helfen. Bitte. Biiiiitte. Hilf mir.«

Dann wechselte die Tonlage. »Er wird mir nicht helfen. Ich werde mein Versprechen einlösen und ihn töten. In Stücke werde ich ihn reißen. Dann werde ich ihn auffressen, weil er es nicht anders verdient hat. Er ist wie alle Anderen.«

»Nein!«, meldete sich wieder die andere Stimme, »Ich darf ihm nichts tun. Er wird mir helfen. Er hat nur Angst, wie beim letzten Mal.«

Kurz war noch ein Schluchzen zu hören, dann war es still.

Karl verspürte einen heftigen Stich gegen sein Herz. Am liebsten wäre er zur Tür gerannt und hätte sie weit aufgerissen, um sich endlich seinem Feind zu stellen. Aber Katja war dabei, und sollte er den Kampf verlieren, wäre auch sie verloren. Er riss sich zusammen und schaute Katja an, die nervös an ihrem Pullover zog.

»Alles in Ordnung?«, fragte er.

Mit einem heftigen Zittern stellte sie eine Gegenfrage:

»Das war er, oder?«

Ganz langsam nickte er und sagte sich in Gedanken:

Ja. Das war er.

31

Die Taschenlampen der Polizeibeamten leuchteten das Anwesen ab. Ihre Maglights erhellten das Anwesen und die Beamten erkannten die drei Gebäude. Das im Osten befindliche Gebäude erinnerte an einen alten Stall, in dem Tiere wie Schweine, Kühe oder Pferde untergebracht waren. Das rechte Gebäude, genau gegenüber dem ziemlich großen, alten Stall befindlich, war eine Art Geräteschuppen, jedenfalls würde Stauder es als solchen nutzen. Imposant ragte das Hauptgebäude in der Mitte der zwei kleineren auf. Wie alles auf dem Anwesen schien auch das Hauptgebäude schon vor langer Zeit verlassen worden zu sein. Stauder konnte nicht genau sagen warum, aber dieses ganze Anwesen wirkte auf ihn bedrohlich, so als würde sich hinter dessen Fassade eine ganze Armee von Außerirdischen verbergen, die nur auf den richtigen Augenblick warteten, um den kleinen Haufen von Beamten hinweg zu pusten.

Trauber beobachtete seinen Freund und fragte schließlich: »Meinst du, Thomas Langer hat den Wagen nur gestohlen oder den Wagen samt Frau Tillmann entführt?«

»Schwer zu sagen, Wolfgang. Der BMW ist auf jeden Fall nicht als gestohlen gemeldet worden. Wenn es so ist, dass er sie entführt hat und sie lebt noch, müssen wir sehr vorsichtig vorgehen. Ich möchte nicht noch einmal ein Menschenleben aufs Spiel setzen.« *Außerdem bin ich ein sehr schlechter Spieler,* fügte er in Gedanken hinzu.

Stauder schaute auf seine Armbanduhr und sagte: »Ich schätze, in etwa einer Stunde wird das SEK eintreffen und bis dahin sollten wir wenigstens den genauen Standort von Thomas Langer lokalisiert haben.«

»Herr Kommissar. Wir haben hier einige Fußspuren in dem

aufgeweichten Erdboden entdeckt«, rief Kielbauer.

Stauder und Trauber begaben sich zu der von Taschenlampen erhellten Stelle. Im Erdboden waren deutlich Fußabdrücke von zwei unterschiedlichen Personen zu erkennen. Die Größe eines Fußpaares war so klein wie der von einer Frau.

»Ich gehe jetzt, durch diesen Beweis, davon aus, dass Thomas Langer in Begleitung der Frau Tillmann ist«, stellte Stauder fest.

Trauber deutete auf eine etwas abseits gelegene Stelle, leuchtete mit der Taschenlampe darauf und sagte: »Dieser Fußabdruck kommt mir aber irgendwie bekannt vor. Den hab ich doch schon mal gesehen.«

Alle wandten ihre Blicke den neu entdeckten Fußspuren zu.

»Das gibt es doch nicht. Das sind dieselben Fußspuren, die von Kollegen am Speichersee im Unterholz gefunden wurden. Aber ich bin davon ausgegangen, dass zwischen den beiden Morden am Speichersee und im Institut kein Zusammenhang besteht. Scheiße. Da hab ich mich wohl getäuscht«, brachte Stauder erschrocken hervor. »Damit ändert sich die Lage. Wir müssen sofort handeln und die Beiden aufhalten. Die Beiden haben bestimmt nicht vor hier ihren Urlaub zu verbringen.«

»Also sieht es so aus, dass Thomas Langer und der andere Mörder in einem bestimmten Kontakt stehen?«, fragte Kielbauer den Kommissar.

Unbewusst kratzte sich Stauder am Kopf. »Möglich wäre das. Obwohl ich nicht an einen Zufall glaube, könnte es sich gerade in diesem Fall um einen ungeheuren Zufall handeln. Auf jeden Fall müssen wir jetzt mit zwei Männern fertig werden. Mich würde es nun auch nicht mehr überraschen, wenn Frau Tillmann mit den Beiden auch unter einer Decke steckt.« Sein Blick schweifte zum Anwesen hinüber, und dann gab er seinen Männern Anweisungen: »Wolfgang, du gehst mit Sander zum Schuppen und überprüfst, ob sich dort jemand aufhält. Solltet ihr angegriffen werden, von wem auch immer, besteht für die

Eigensicherheit höchste Priorität. Bei einem Schuss werden wir euch sofort zu Hilfe eilen. Wenn ihr mit der Überprüfung fertig seid, kommt ihr zum großen Anwesen herüber und unterstützt uns. Ich will nicht, dass einer von euch beiden einen Helden heraushängen lässt. Habt ihr mich verstanden?« Beide nickten und nahmen ihre P6, die Standardwaffe der Polizei, in die Hand.

»Kielbauer und Birke, ihr beide kommt mit mir. Wir werden versuchen einen Weg ins Haus zu finden, wenn nötig mit Gewalt. Wichtig ist, dass wir uns auf keinen Fall trennen.«

Nun zogen auch die restlichen drei Beamten ihre Waffen und alle begaben sich in Richtung des Anwesens. Sie durchquerten das Gemüsefeld. Auf halbem Weg zum Haus bogen Trauber und Sander nach rechts zum Schuppen ab. Alle bewegten sich äußerst vorsichtig. Die Taschenlampen schwangen in Schlangenlinien mit den Läufen der Pistolen über die Landschaft. Die Nerven der Polizisten waren zum Zerreißen angespannt. Alle rechneten jeden Moment mit einem plötzlichen Angriff aus der Dunkelheit. Ihre Schritte sanken durch den aufgeweichten Boden immer etwas ein und sie verursachten schmatzende Geräusche. Die Nacht war still und sie hörten nur ihre eigenen Schritte.

Beim Erreichen des Anwesens bemerkte Stauder sofort das eingebrannte Loch in der Holztür. Die Ränder des Loches waren schwarz und in der Luft lag ein Geruch nach verbranntem Holz. Kielbauer und Birke starrten den Kommissar mit einem fragenden Blick an, dieser zuckte aber nur die Schultern und deutete auf das Loch.

»Birke, sie zuerst«, raunte er dem Kollegen zu.

»Das war klar«, flüsterte dieser zurück und stieg durch das Loch ins Haus hinein. Kielbauer und Stauder folgten ihm. Kurz bevor Stauder ganz im Loch verschwand, warf er noch einen Blick zum Schuppen rüber und sah, wie zwei Taschenlampen den Schuppen ableuchteten. Dann fand er sich auch auf der anderen Seite der Tür wieder.

Die Taschenlampen der Polizisten leuchteten die Eingangshalle ab. Mehrere Türen führten aus der Eingangshalle heraus, eine große Treppe führte in die oberen Stockwerke. Auf den wenigen Kommoden, die an den Wänden standen, war Zentimeterhoch Staub zu erkennen.

Kielbauer schwenkte mit seiner Taschenlampe genau auf eine Kamera, die in einer Ecke der Eingangshalle installiert worden war. Sie schien ausgeschaltet zu sein. Sie gingen sich gegenseitig deckend auf die Treppe zu, als sie ein Geräusch von oben hörten. Eine Stimme, die immer wieder durch Knurren unterbrochen wurde. Die Waffen richteten sich sofort auf die Treppe und keiner rührte sich mehr, um jedes Geräusch zu vermeiden. Wenige Sekunden verstrichen, als rote Augen auf der Treppe sichtbar wurden. Die Stimmen verstummten plötzlich und das Knurren setzte wieder ein. Die Lichtkegel der Taschenlampen erfassten die Gestalt.

Vor lauter Schreck über das Gesehene feuerten alle drei Beamten gleichzeitig aus ihren Pistolen. Die Kugeln schlugen in Wände, zerbrachen Gegenstände und trafen die Kreatur. Die Kreatur jaulte laut auf, verwandelte ihr Jaulen in wütendes Knurren, entblößte ihre scharfen Zähne und fuhr wie ein Blitz die Treppe hinunter.

Zähne schlugen in Fleisch. Klauen zerfetzten Haut. Kraft brach Knochen.

Birke hatte keine Chance, sich zu wehren. In Sekundenschnelle fand er den Tod.

Stauder und Kielbauer schauten fassungslos zu. In ihren Waffen befand sich keine Munition mehr und es blieb ihnen nur ein Ausweg: Der Rückzug.

Beide liefen auf das Loch zu. Ein gewaltiger Schlag im Rücken hinderte Stauder daran, weiter zu laufen. Er stolperte, warf sich dabei herum und landete auf dem Rücken. Ein brennender Schmerz rann seinen Rücken hinunter. Die Gestalt erhob sich über ihm und holte zu einem tödlichen Schlag aus. Hasserfüllte Augen starrten ihn an. Mordlust flackerte in ihnen.

Die roten Augen brannten sich in seine. Ein ekelerregender Geruch stieg von der Bestie auf und Speichel tropfte aus dem Maul auf die Uniform von Stauder herab. Er tastete mit seinen Händen den Fußboden ab und ergriff eine verloren gegangene Taschenlampe. Beim Betätigen des Schalters leuchtete die Taschenlampe auf und blendete das Monstrum. Vor Schreck weiteten sich seine hasserfüllten Augen und plötzlich war die Gestalt verschwunden.

»Oh mein Gott. Was war das?«

Keiner antwortete ihm.

32

Karl horchte an der Tür. Die Schüsse waren in weiter Entfernung erklungen, bis sie wieder nach kurzer Zeit verstummten.

»Ich denke wir sind auf diesem verdammten Grundstück doch nicht allein«, sagte Karl.

Er drehte sich um. Katja stand immer noch vor den Monitoren. Ihre Hände strichen zum wiederholten Male über die Knöpfe und Schalter.

»Das müssen Überwachungskameras sein«, murmelte sie vor sich hin. »Aber wie schaltet man sie ein?«

»Ich denke, dass dafür Strom benötigt wird, und dir sollte aufgefallen sein, dass es auf dem ganzen Anwesen keinen Strom gibt.«

»Das kann ich nicht glauben. Wo haben denn die Bewohner ihren Strom her bekommen? Er wurde bestimmt nicht per Stromservice in einem LKW geliefert.«

»Brauchst ja nicht gleich schnippisch zu werden. Nehmen wir mal an, dass hier die Kommandozentrale für das ganze Anwesen ist, dann wurde mit Sicherheit auch die Regulierung des Stroms von hier aus geleitet. Wir müssen jetzt nur noch herausfinden, wo die Konsole dafür ist.«

Karl trat neben Katja und betrachtete die gesamte Schaltfläche. Es waren keine eindeutigen Beschriftungen zu erkennen. Viele Knöpfe und Schalter hatten verschiedene Farben. Einige wiederum waren mit Zahlen gekennzeichnet. Ein Schalter stach Karl sofort ins Auge. Der Schalter war rot und wies eine Zahl auf: Eine Null.

»Wenn jemand schon einen Schalter in einer Farbe darstellt und zusätzlich noch eine Zahl hinzufügt, dann wird dieser

Schalter ja wohl irgendetwas Wichtiges auslösen.«

Er betätigte den Schalter, ohne auf die Katjas Meinung zu warten, und horchte. Erst tat sich nichts, doch dann vernahm er in weiter Ferne ein Geräusch, wie als wenn alte Zahnräder in Gang gebracht wurden. Nach kurzer Zeit leuchteten sämtliche Monitore und Deckenbeleuchtungen auf.

»Bingo!«, rief Karl und sprang dabei in die Luft. Ein Grinsen machte sich in seinem Gesicht breit.

»Nicht schlecht«, lobte Katja und schaute gebannt auf die Monitore.

Die Monitore zeigten verschiedene Stellen des Anwesens. Die Eingangstür der Villa, die Eingangshalle, den Schuppen, den Stall mit großen Käfigen, ein Labor, das Anwesen aus einiger Entfernung samt Gemüsefeld, einen Gang mit Zellen, ein weiteres Labor und eine große unterirdische Höhle mit vielen abgetrennten Zellen, in denen sich Arbeitsplätze befanden. Ein Monitor gehörte nicht zur Videoüberwachung sondern war wohl ein Kontrollcomputer.

»Unglaublich«, hauchte Karl. »Wo sind wir wohl da hineingeraten?«

Katja klopfte mit dem Zeigefinger auf einen Monitor und fragte: »Was tut denn die Polizei hier?«

Beide beugten sich etwas weiter nach vorne und betrachteten einen Polizeibeamten, der sich hektisch umsah. Eine seiner Hände hielt sich den Rücken und er versuchte sich zu erheben.

»Kann man es nicht so einstellen, dass wir nicht nur beobachten können, sondern auch etwas hören?«

»Ich weiß nicht«, antwortete Katja, wandte sich der Tastatur zu und fing an zu tippen.

Plötzlich ertönte erst ein Rauschen und dann hörten die beiden Stimmen. »Bingo«, lächelte Katja Karl an.

Zwei weitere Polizeibeamte erschienen in der Eingangshalle und rannten mit vorgehaltener Waffe auf den am Boden liegenden Kollegen zu.

»Was ist passiert, Andreas?«, fragte einer der Polizisten.

Der Angesprochene stöhnte, als ihm aufgeholfen wurde und antwortete: »Wir haben ein echtes Problem. Thomas Langer und die Frau haben wir nicht gefunden, dafür aber ein echtes Monster. Es hat uns angefallen. Birke ist tot...«, dabei deutete er auf eine zusammengekrümmte Gestalt, »...und Kielbauer ist geflohen.«

Alle drei Beamten entfernten sich aus dem Blickwinkel der Kamera und die Stimmen wurden leiser.

»Wer hat das Licht angemacht?«

»Keine Ahnung. Jemand muss das Stromaggregat angeworfen haben. Es befindet sich im Schuppen. Wir hätten das ja untersucht, wollten euch aber lieber zu Hilfe eilen, als wir die Schüsse hörten.«

Mehr konnten Karl und Katja nicht verstehen.

»Thomas Langer? Und welche Frau meinen die?«, fragte Karl.

»Kannst du dich etwa nicht an Thomas Langer erinnern? Unser kleiner Zwischenstop bei Professor Freimann? Das ist der Mann, mit dem du eine Meinungsverschiedenheit hattest und der letztendlich der Mörder von Professor Freimann ist«, klärte ihn Katja auf.

Karl schlug sich die flache Hand an die Stirn: »Jau. Ach du Scheiße. Was macht der denn hier? Mit Sicherheit ist er uns gefolgt und will sich bei mir für meine kleine Schau revanchieren.«

»Das könnte sein, nur kann ich die Polizeibeamten noch nicht so ganz in diesem Muster unterbringen. Und was es mit der Frau auf sich hat, weiß ich auch nicht.«

»Was ist denn mit deinem Wagen? Die Polizei musste auf jeden Fall den gleichen Weg einschlagen, den wir genommen haben. Folglich haben sie auch deinen Wagen entdeckt. Vielleicht sehen die Polizisten einen Zusammenhang zwischen dir und Thomas Langer.

Es könnte sein, dass die Bullen dich als Komplizen sehen.«

»Das ist ja wohl eine Frechheit«, meinte Katja entrüstet. »Warum suchen die denn Thomas Langer? Meinst du, die Polizei weiß schon, dass er der Mörder von Professor Freimann ist?«

»Darüber sollten wir uns später Gedanken machen. Meinst du, du kannst mithilfe des Computers die Stahltür öffnen?«

Auf der anderen Seite des Raumes befand sich eine weitere Stahltür ohne ein Schlüsselloch oder eine Türklinke.

»Ich denke schon. Sie wird mit Sicherheit elektronisch von diesem Computer aus gesteuert.«

Nach kurzem Benutzen des Computers öffnete sich mit einem lauten Quietschen die Tür. Dahinter lag ein hell erleuchteter Gang. An der Decke befanden sich Neonleuchten. In regelmäßigen Abständen tauchten immer wieder Türen auf. Angebrachte Tafeln neben den Türen sagten aus, um was für Räume es sich handelte. Das Ende des Ganges verschwand hinter einer Biegung, die man in weiter Ferne erkennen konnte.

Karl ging vorsichtig in den Gang und Katja folgte. Bei der ersten Tür betrachteten beide die Tafel. Auf ihr stand in großen Buchstaben: KRANKENSTATION.

»Gut. Jetzt wissen wir wenigstens, wo wir bei einer Verletzung Medikamente bekommen.«

»Leider nützt uns dieses Wissen rein gar nichts, Karl. Die Tür ist abgeschlossen und sieht zu robust aus, um sie einzutreten.«

»Woher willst du wissen, ob sie geschlossen ist?«

Er betätigte die Türklinke und die Tür öffnete sich.

Erst wirkte der dahinter befindliche Raum wirklich wie eine Krankenstation, doch als Karl die drei verwesten Leichen sah, dachte er nur noch an einen Horrorfilm.

Die Leichen waren schon zu verwest um bei ihnen mit bloßem Auge die Todesursache erkennen zu können. Verstreute Gliedmaßen ließen aber vermuten, dass hier ein brutaler Mord geschehen war. Die Gesichter waren bis zur Unkenntlichkeit verwest. Viel Mobiliar war zerstört worden. Überall an Wänden, Decke und Boden waren rote Flecken zu sehen. Es war ein Bild des Grauens. Eine der Leichen hielt noch ein Skalpell in der Hand. Es hatte ihm anscheinend nichts genützt. Karl würgte und auch Katja musste sich die Hand vor den Mund halten.

Bevor Katja Karl zurückhalten konnte, ging Karl weiter in den Raum hinein. Ein dicker Kloß in seinem Hals verwehrte ihm das Sprechen. Mit abgrundtiefem Entsetzen in seinem Gesichtsausdruck betrachtete er das Grauen. Die blutverschmierten Kittel, die von den Leichen getragen wurden, wiesen sie als Ärztepersonal aus. Auf einem der Kittel konnte man den Namen *Dr. Schenker* erkennen.

Katja schaute angewidert von diesem grauenhaften Bild auf den Flur und murmelte: »Was ist hier bloß passiert?«

Durch diese Frage löste sich der Kloß in Karls Hals und fuhr mit einem Schlag in den Magen. Karl hielt sich die Hände vor seinem Bauch und übergab sich.

Katja betrat wieder den Flur und schaute zur Biegung. Jetzt bemerkte sie auch im Flur eigentümliche Dinge. Auf dem Boden waren in gewissen Abständen blutige Fußabdrücke zu erkennen. Ein schwarzer Strich von geronnenem Blut begleitete die Abdrücke, bis er hinter der Biegung verschwand.

»Wir müssen hier raus«, hörte Katja Karl hinter sich sagen. »Das ist hier wie in einem Tollhaus.«

»Aber wohin? Draußen wartet diese Bestie. Wie sollen wir an ihr vorbei?« Katja fing an zu schluchzen und Tränen kullerten über ihre Wangen.

Karl nahm sie in den Arm und versuchte sie zu beruhigen.

»Vielleicht können uns die Polizisten helfen. Ich denke, sie werden in der Lage sein, uns hier herauszuholen.«

Katja schniefte und sah Karl in seine gelben Augen. »Du hast recht. Ich benehme mich ja schon wie ein verängstigtes Mädchen.«

»So ist es schon besser. Hier muss es auf jeden Fall noch einen weiteren Ausgang geben. Wir sollten den Gang weiter gehen.

Die Türen, an denen wir vorbei kommen werden, sollten wir erstmal geschlossen lassen. Noch so einen Anblick verkrafte ich bestimmt nicht.«

Dabei nahm Karl Katjas Hand in seine und beide gingen langsam den Gang entlang, immer auf das Schlimmste gefasst.

33

Kielbauer schnaufte. Nachdem er durch das eingebrannte Loch der Eingangstür geschlüpft war hatte er das Feld überquert und war auf den Wald zugelaufen. Hinter ihm waren Rufe ertönt, die ihn darum baten, stehen zu bleiben, doch er konnte nicht. Die Angst saß ihm so tief im Nacken, dass er in dem Haus um Haaresbreite seinen Verstand verloren hätte.

Es war ein Monstrum gewesen, wie aus einem schrecklichen Horrorfilm. Er schüttelte den Kopf. Sein ganzer Körper zitterte und trotz der Kälte schwitzte er. Vor seinen Augen entstand die Erinnerung, wie Birke von diesem Monster regelrecht zerfleischt wurde. Die Kugeln, die sie auf die Kreatur abfeuerten, wollten aus irgendeinem Grund keine Wirkung zeigen. War es vielleicht unverwundbar? Seine Gedanken schweiften zu seinem Vorgesetzten. Stauder. Kielbauer hatte nicht bemerkt, wie Stauder das Haus hinter ihm verließ. War er noch dort drin? Lebte er noch?

Kielbauer drehte sich um und konnte wegen der Dunkelheit nichts Konkretes entdecken. Er nahm all seinen Mut zusammen, wovon nicht mehr viel übrig war, und ging ein paar Schritte auf das Feld zu. Dann blieb er wieder stehen und lauschte. Was er hörte, beunruhigte ihn noch mehr und sein Zittern wurde stärker. Er hörte nämlich nichts. Selbst der deutlich zu spürende Wind machte keine Geräusche. Es war unheimlich. Nach kurzem Zögern begab er sich schließlich zum Haus. Als er nur noch wenige Meter vom Haus entfernt war, blieb er abermals stehen, denn jetzt hatte er etwas gehört. Ein Schlurfen drang an sein Ohr, welches sich anhörte, als würde jemand einen Fetzen Schmirgelpapier auf ein Stück Holz reiben.

Das Geräusch kam anscheinend aus dem Schuppen, in den vor einiger Zeit zwei seiner Kollegen hineingegangen waren.

Das Geräusch wurde leiser. Daraus schloss Kielbauer, dass da jemand sein musste, der sich gerade entfernte. Er ging in die Richtung, aus der das Geräusch kam, in der Hoffnung, einen seiner Kollegen anzutreffen. Mit seiner linken Hand fingerte er in einer Tasche seiner Polizeiuniform herum und holte ein volles Magazin heraus. Damit lud er die leergeschossene Waffe, die er seit dem Zwischenfall in dem Haus immer noch verkrampft in seiner rechten Hand hielt. Als er sich weiter auf den Geräteschuppen zu bewegte, nahm er das erste Mal ein rumorendes Geräusch wie von einem Stromaggregat wahr. Leise bewegte er sich weiter vorwärts. Bei dem Geräteschuppen angelangt wandte er sich mit dem Rücken an die hölzerne Wand des Schuppens. Das Tor des Schuppens war einen Spalt weit offen und er konnte ganz eindeutig das schlurfende Geräusch aus dem Inneren des Schuppens vernehmen.

Kielbauer holte tief Luft, zählte innerlich bis drei und trat dann mit seinem Fuß das Tor des Schuppens weit auf. Mit vorgehaltener Pistole stürmte er in den Schuppen und sicherte nach allen Seiten.

Der Schuppen war im hinteren Bereich erleuchtet. Ein großes Stromaggregat füllte mehr als die Hälfte des Schuppens und verhinderte somit, dass Kielbauer jeden Winkel im Sichtbereich hatte. Das rumorende Geräusch kam vom Stromaggregat, doch die Ursache des schlurfenden Geräusches konnte er nicht ausmachen. Er ging mit vorsichtigen Schritten weiter in den Schuppen hinein und beobachtete dabei die dunklen Ecken. Plötzlich hörte er hinter sich ein Kichern und er fuhr erschrocken herum, die Waffe im Anschlag. Nichts. Schweiß bedeckte wieder seine Stirn. Die Hände fingen zum zweiten Mal heftig an zu zittern. Dabei schwenkte er die Dienstwaffe von einer Seite zur anderen.

Werde ich verrückt? Habe ich Wahnvorstellungen? Er versuchte mit einem Kopfschütteln seine Nervosität aus seinem Kopf zu verjagen. Ohne Erfolg.

»Du bist ja ein echtes Wrack, Bullenscheißer.«

Die Stimme war hinter ihm, doch diesmal hielt er seine aufkommende Panik im Zaum. Er drehte sich nicht um.
»Wer sind sie?«, fragte Kielbauer.
Ein lautes Lachen erklang.
»Ich denke, das weißt du Arschloch wohl am besten. Schließlich sucht ihr mich seit heute Morgen.«
Thomas Langer, schoss es Kielbauer durch den Kopf. Teilweise empfand er Erleichterung, nicht wieder diesem Monstrum gegenüber zu stehen. Andererseits empfand er Grauen, da er alleine mit einem Killer in einem Geräteschuppen stand. Soweit er vermutete, würde er gegen diesen Mann keine Chance haben.
Laut sagte Kielbauer: »Thomas Langer. Haben sie etwas mit diesem Monster zu tun, welches im Haus umhergeistert?«
»Monster? Was für ein Monster? Ich hätte eher gedacht, ich wäre das einzige Monster hier.«
»Sie haben das Monster also noch nicht gesehen? Halb Mensch, halb Wolf?«
»Willst du mich mit solchen Märchen hinhalten oder einfach nur verarschen?« Man konnte aufsteigenden Zorn in der Stimme von Thomas Langer heraushören.
Kielbauer überlegte, wie hoch wohl seine Chancen waren, hier lebend rauszukommen, und kam zu dem Ergebnis, dass sie nicht sehr hoch waren. Er traf eine Entscheidung. Langsam drehte er sich um, die Waffe auf dem Boden gerichtet. Er erblickte Thomas Langer auf dem Stromaggregat hockend, welches leicht vibrierte.
»Ich hoffe für dich, dass du nicht auf dumme Gedanken kommst.«
»Was haben sie vor? Mich wieder laufen lassen?«
Thomas lachte auf. »Dich laufen lassen? Ich lache mich tot. Dieser Gedanke wäre mir wohl nie im Leben gekommen.«
»Sie sehen, dass ich bewaffnet bin, oder?« Dabei hob Kielbauer langsam seine Waffe.
»Ach komm schon. Du weißt ganz genau, dass mir diese

lächerlichen Kugeln nichts anhaben können. Versuch es doch besser mit Weglaufen.« Thomas grinste.

»Vielleicht haben sie recht.« Dabei drehte sich Kielbauer halb von Thomas weg. Aus dem Augenwinkel nahm er eine Bewegung wahr. Kielbauer warf sich zur Seite, hob seine Pistole an und versuchte Thomas ins Visier zu nehmen. Die Schnelligkeit von Thomas verblüffte ihn. Thomas sprang in Zickzack Sprüngen auf Kielbauer zu. Ohne ihn richtig ins Visier zu bekommen, feuerte er aus seiner Waffe. Querschläger zischten an Thomas vorbei, doch ohne seine Geschwindigkeit zu vermindern raste er weiter auf Kielbauer zu. Kielbauer schlug auf dem Boden auf und verlor seine Waffe. Sie rutschte einige Schritte von ihm weg. Gleichzeitig erreichte Thomas den Beamten, vollführte einen Salto und traf ihn mit beiden Füßen an der Brust. Thomas Kraft war überwältigend. Kielbauer wurde mehrere Meter nach hinten geschleudert und landete hart auf dem Boden. Er schnappte nach Luft und hielt sich die Brust. Stechende Schmerzen durchfuhren seinen Brustkorb. Kielbauer wollte sich gerade wieder erheben, als Hände in sein Haar griffen und ihn hochwarfen. Um Haaresbreite verfehlte er ein abstehendes Metallstück des Stromaggregates. Diesmal landete Kielbauer auf den Füßen, welche aber sofort nachgaben. Er ging in die Knie.

»Oh scheiße.«

»Ja, so könnte man das für deine Situation beschreiben.«

Kielbauer sah, wie Thomas mit gemächlichen Schritten auf ihn zu kam. Ein leicht verbrannter Geruch wehte in Kielbauers Nase. Beim genaueren Hinsehen erkannte er, dass die rechte Körperhälfte von Thomas verbrannt war. Dann drehte er seinen Kopf schnell nach links und rechts, um irgendwo eine brauchbare Waffe zu finden. Er entdeckte keine.

In seinem Inneren suchte Kielbauer nach Kraftreserven und mobilisierte sie für einen letzten Versuch, Thomas Langer in irgendeiner Form Schaden zuzufügen.

Thomas war nicht mehr weit entfernt, als Kielbauer aufsprang, seine Hände zu Fäusten ballte und auf ihn zu rannte. Thomas spreizte zwei Finger der rechten Hand, holte aus und schlug sie dem herannahenden Kielbauer in die Kehle. Eine Fontäne Blut spritzte aus Kielbauers Hals und verursachte ein gurgelndes Geräusch. Durch den Ansturm wäre Thomas fast mitgerissen worden, sprang aber rechtzeitig in Sicherheit.

Stirnrunzelnd starrte Thomas auf die Leiche. Monster? So langsam werden hier wohl alle verrückt. Thomas fasste sich an die Stirn. Es war wieder Zeit für eine Welle der Kopfschmerzen.

34

Und als wir dann Kielbauer aus dem eingebrannten Loch stürzen sahen und er Hals über Kopf über das Feld lief, wusste ich, dass etwas nicht stimmte. Wir haben Kielbauer hinterher gerufen, aber er hat uns nicht gehört und floh zum Wald.«

»Oder er wollte euch nicht hören«, meinte Andreas. »Ich kann ihm das nicht verübeln. Selbst bei mir wäre fast die Panik ausgebrochen.«

Die drei übrig gebliebenen Polizeibeamten hielten sich in einer Art Wohnzimmer des Erdgeschosses auf. Eine Tür führte in die Eingangshalle. An deren Türrahmen stand Sander und beobachtete die Eingangstür, die Treppe und den restlichen Raum.

»Ich glaube, ich habe gerade Schüsse gehört«, sagte Sander.

»Schüsse?«, fragte Andreas.

»Vielleicht war das Kielbauer, der zufälligerweise auf das Monstrum getroffen ist. Ich hoffe, er ist ihm ein zweites Mal entwischt. Was werden wir jetzt unternehmen?« Wolfgang sah Andreas fragend an.

»Das ist eine gute Frage. Hätte ich gewusst, mit was wir hier zu tun haben, hätte ich eine Hundertschaft mitgenommen. Oder ich hätte sogar besser das Militär verständigt. Was meinst du, wie lange es noch dauern wird, bis Verstärkung eintrifft?«

Wolfgang überlegte kurz und sagte dann: »Etwa noch eine halbe Stunde. Eher etwas länger. Ich weiß nicht wie schnell unsere Kollegen die Kräfte zusammen rufen können, aber ich bete, dass es schnell geht.«

Andreas stand auf und traf eine Entscheidung.

»Wir werden uns zurückziehen bis Verstärkung eingetroffen ist. Ich werde nicht noch mehr Menschenleben aufs Spiel setzen.

Es gab schon genug Tote.«

Sander und Trauber nickten. Alle drei begaben sich wieder in die Eingangshalle und wollten durch das Loch in der Eingangstür das Haus verlassen, als sie hinter sich ein Geräusch hörten. Sie drehten sich um, Taschenlampen und Pistolen hoch erhoben und bereit, auf jede mögliche Gefahr zu reagieren. In der Tür zum Wohnzimmer stand eine Wölfin. Sie schaute die kleine Gruppe aus rot glühenden Augen an. Ein Knurren entrang ihrer Kehle. Das weiße Fell der Wölfin strahlte in gewisser Weise etwas Bedrohliches aus. Ihre Zunge bleckte über messerscharfe Zähne. Für Andreas schien das Tier allerdings das schönste Tier zu sein, welches er je gesehen hatte. Ihm kam es so vor als würde das Fell von innen heraus leuchten. Andreas schüttelte seine kurzzeitige Lähmung ab und raunte seinen Gefährten zu: »Keine hastigen Bewegungen. Sobald die Wölfin Anstalten macht, uns anzugreifen, erschießen wir sie. Sander, sie gehen zuerst durch das Loch und sichern die andere Seite.«

Sander drehte sich langsam zur Eingangtür und glitt mit vorgehaltener Waffe durch das Loch. Als er verschwunden war, nickte Andreas Wolfgang zu. »Jetzt bist du dran.« Seine Waffe hielt er ganz ruhig in seiner Hand. Nachdem auch Wolfgang durch das Loch verschwunden war, bewegte sich Andreas langsam rückwärts. Das Knurren des Wolfes wurde immer bedrohlicher. Plötzlich ließ Andreas vor Schreck seine Taschenlampe fallen und fasste sich mit der linken Hand an die Stirn.

Mischt euch nicht in Angelegenheiten ein, die euch nichts angehen. Die Augen der Wölfin starrten ihn intensiv an. Es war ihm, als wäre die Wölfin geradezu in sein Gehirn gesprungen und hätte ihm diese Drohung ins Gehirn gepflanzt. Ihm wurde nur für einen kleinen Augenblick schwindlig, dann war es vorbei.

»Was geht hier vor? Was passiert mit mir?«, murmelte er.

Von draußen hörte er die Stimme von Wolfgang: »Alles in Ordnung, Andreas?«

Er schaute mit Angst erfüllten Augen auf die Wölfin und antwortete mit zitternder Stimme:

»J-Ja, alles b-bestens.«

Er spürte das Loch hinter sich und schlüpfte durch.

Draußen verflog die Angst wieder und er sah sich nach seinen zwei Kollegen um. Beide hatten sich in Position gebracht und sicherten nach allen Seiten.

»Schau mal zum Feld rüber, Andreas.« Dabei deutete Wolfgang in eine bestimmte Richtung. Andreas wäre fast erstarrt. Auf dem Feld verteilt befanden sich mindestens fünf Dutzend Wölfe. Alle schauten zu ihnen herüber. Viele lagen auf dem Feld, andere saßen auf ihren Hinterbeinen. Einige der Wölfe kamen auf sie zu, allerdings besaß keiner dieser Wölfe ein so weißes Fell wie die Wölfin im Haus. Die meisten Wolfsfelle waren braun, andere grau. Einige unter ihnen waren schwarz.

»Das ändert unseren Plan. Mit Rückzug wird wohl jetzt nichts mehr.«, Andreas seufzte. Seine Augen suchten eine Möglichkeit, wie sie aus diesem Dilemma entkommen konnten. Das überdimensionale Wolfsrudel beschrieb fast einen Halbkreis und nur auf der Seite des Stalles befand sich zwischen den Wölfen eine erkennbare Lücke.

»Siehst du die Lücke beim Stall?«, fragte Andreas und deutete mit einer Geste in die gemeinte Richtung.

»Ja«, antwortete Wolfgang.

»Gut. Haltet die Waffen bereit. Wir werden uns gegenseitig decken. Sobald einer der Wölfe Anstalten macht, uns anzugreifen, schießen wir uns den Weg frei. Verstanden?«

»Ja. Sind Wölfe aber nicht normalerweise friedlich?«, gab Wolfgang zu bedenken.

»Normalerweise. Mittlerweile glaube ich aber nicht mehr an Normalität. Wir sollten besser mit dem Schlimmsten rechnen.«

Das Trio setzte sich in Bewegung, immer die Wölfe im Blickfeld. Langsam schlichen die Wölfe in ihrer Nähe weiter auf sie zu. Umso weiter sie sich der Lücke näherten, umso mehr Wölfe umringten sie. Kurz vor dem Erreichen der Lücke kam der erste Angriff. Zwei Wölfe sprangen fast gleichzeitig mit gefletschten Zähnen aus verschiedenen Richtungen kommend das Trio an. Sander schwang seine Waffe blitzschnell in die Richtung eines herannahenden Wolfes und feuerte. Das Geschoss schlug in den Kopf ein und schleuderte den Wolf mit einer Blutfontäne nach hinten.

Wolfgang hatte nicht so viel Glück. Kaum hielt er die Waffe in die richtige Schussposition, als der Wolf auch schon seine Krallen in seinen Arm schlug. Breite Blutkratzer waren durch das zerrissene Polizeihemd zu sehen. Wolfgang wurde auf den Boden geworfen. Die linke Hand grub sich in den Nacken des Wolfes und Wolfgang zog den Kopf nach hinten, um dem schnappenden Gebiss auszuweichen. Mit der Pistole traf er den Wolf am Schädel. Die Wucht des Schlages betäubte den Wolf und entrang ihm ein Winseln. Ein Fußtritt beförderte schließlich den betäubten Wolf von Wolfgangs Körper. Beim Aufrappeln bemerkte Wolfgang, dass weitere Wölfe auf sie zu kamen.

Andreas rief: »Jetzt schnell. Den restlichen Weg laufen wir. Wir schießen uns den Weg frei.«

Wie auf Kommando schossen Andreas und Sander abwechselnd auf die Wölfe. Nachdem Wolfgang wieder auf den Beinen war, schloss er sich ihnen an. Sie rannten auf die Scheune zu. Auf dem Weg dorthin erschossen sie mehr als ein halbes Dutzend der Wölfe. Ein anderes halbes Dutzend lag verwundet im Gras.

Sie erreichten das Stalltor und warfen sich dagegen. Mit einem lauten Knirschen öffnete es sich ruckartig und alle Drei stolperten förmlich hinein.

Kaum waren sie in dem Stall drehten sich Andreas und Sander um und schlugen das Stalltor zu. Wolfgang, der auf dem Boden kniete, erhaschte noch einen Blick nach draußen und erblickte, wie die weiße Wölfin sich zwischen den anderen Wölfen einen Weg bahnte. Nicht nur die Farbe des Fells unterschied sich von den anderen Wölfen, sondern auch ihre Größe. Sie überragte die anderen Wölfe fast um das Doppelte.

Das Tor schloss sich mit einem lauten Krachen und es wurde ein Riegel vorgeschoben.

Von draußen ertönte ein vielstimmiges Geheul, das aber nach und nach verebbte.

»Mein Gott. Ich kann es kaum glauben. Was geht hier nur vor? Die weiße Wölfin scheint die Anführerin dieses Wolfsrudels zu sein. Woher kamen die alle? Ich habe auf dem Hinweg nicht einen einzigen Wolf entdeckt und jetzt werden wir von einem riesigen Rudel gejagt. Zusätzlich kommt auch noch das Monstrum dazu. Sind wir in einer Gruseldarbietung gelandet?«, Sander schaute aus ängstlichen Augen seine Kollegen an.

»Ich denke ich weiß, woher das Rudel kam«, sagte Andreas, wobei er mit ausgestrecktem Arm in den Stall zeigte.

Auf der rechten und linken Seite des Stalles waren Käfige aufeinander getürmt. Die Käfigtüren waren weit geöffnet, einige sogar beschädigt. In einem solchen Käfig hätte ein Wolf locker reingepasst. In einigen der Käfige lagen noch abgenagte Knochen. Im ganzen Stall stank es nach Kot und Urin. Der hintere Bereich wurde von einem riesigen Schreibtisch eingenommen, auf dem sich ein Computer befand. An der rückwärtigen Wand befand sich eine Glasvitrine mit zwei Gewehren. In der rechten hinteren Ecke konnten sie einen kleinen Lastaufzug entdecken, gerade groß genug, dass zwei Personen ihn benutzen konnten. Auf dem Boden zwischen den Polizisten und dem Schreibtisch zog sich ein roter Fleck bis hinüber zum Lastzug.

»Ich vermute, die Wölfe sind hier gefangen gehalten worden. Lasst uns die beiden Waffen überprüfen, ob die noch etwas taugen«, sagte Andreas.

Sander überprüfte die beiden Gewehre und kam zu dem Ergebnis, dass beide in einwandfreiem Zustand waren. Bei der Durchsuchung des Schreibtisches fanden sie vier Patronenschachteln mit jeweils 25 Patronen.

Andreas wandte sich an Wolfgang, während er ein Gewehr

mit zwei Patronen lud: »Wie geht es deinem Arm?«

»So einigermaßen. Zum Glück sind es nur ein paar Kratzer.«

Mit einem Stofffetzen des Polizeihemdes hatte er die Wunde weitgehend verbunden. Mittlerweile trocknete das Blut der Wunde.

»Meinst du wir sollten den Lastenaufzug benutzen oder willst du den direkten Weg durch das Tor nehmen?«, fragte Wolfgang.

»Ich habe mich schon vorhin entschieden. Wir benutzen den Lastenaufzug, wenn er noch funktionieren sollte.«

Sander und Andreas rüsteten sich mit den beiden Gewehren aus und sie teilten sich die Munition. Wolfgang erhielt alle übrig gebliebenen Patronen für seine Dienstwaffe, welche er auch sofort lud. So ausgerüstet begaben sie sich zu dem Lastenaufzug.

Von den Wölfen vor dem Stall war in der Zwischenzeit nichts mehr zu hören.

35

Die blutige Spur, der Katja und Karl im Flur dieses eigenartigen Komplexes folgten, endete nach vielen Gängen und Abzweigungen bei einer Leiche in Uniform. Die Leiche wies eine große Wunde im Bereich der Hüfte auf, an der die Person wohl verblutet sein muss. In ihrer rechten Hand hielt sie eine Pistole. Die Uniform war neutral gehalten, sodass man nicht erkennen konnte, welcher Institution der Tote gedient hatte. Außer der großen Wunde an der Hüfte war der Körper keinen Verletzungen zum Opfer gefallen. Angewidert entzog Karl der Leiche die Pistole. Dabei murmelte er: »Die brauchst du wohl nicht mehr.«

Karl entnahm der Pistole das Magazin und entdeckte, dass noch vier Patronen vorhanden waren. Als das Magazin wieder einrastete, reichte er die Pistole an Katja weiter.

»Was soll ich damit?«, fragte sie.

»Dich schützen. Es ist besser als diesem Monster mit leeren Händen entgegenzutreten.«

Mit verzogenem Gesicht nahm sie die Waffe entgegen. Der Gedanke, dass die Pistole den Uniformierten auch nicht gerettet hat, versuchte sie zu verdrängen.

Sie gingen den Gang weiter. Der Gang endete vor einer Doppeltür, wie sie viele Restaurants zur Küche haben. Karl entschied sich den dahinter liegenden Raum zu untersuchen. Als beide eintraten, bemerkten sie sofort das Chaos, das in dem Raum herrschte. Es war eine Art Kantine. Im ganzen Raum waren Tische mit langen Bänken verteilt. Der Boden war bedeckt mit verschimmelten Essensresten. Zersplitterte Schüsseln, kaputten Tellern, Bestecke und Glasscherben lagen verstreut auf dem Boden. Insgesamt fünf Leichen lagen auf den Fliesen, meist in verkrampften Haltungen. Eine der Leichen, welche nahe einer Tür lag, war der Kleidung nach zu urteilen vom Küchenpersonal. Wahrscheinlich, so vermutete Karl, befand sich hinter der Tür die Großküche. Die Wände waren teilweise mit getrocknetem, schwarzem Blut bedeckt. Auf einer Seite des Raums war ein Lastenaufzug zu erkennen. Im selben Augenblick, als Karl sich dem Lastenaufzug zu wandte, begann sich dieser zu bewegen. Schwere Stahlseile bewegten sich unter lautem Getöse in die Höhe. Karl sah zu Katja, die ihn aus ängstlichen Augen anstarrte. Ihre Hand, in der sie die Waffe hielt, zitterte stark. Ihre Lippen bebten. Beruhigend legte Karl eine Hand auf ihre Schulter. Mit verbissenem Gesicht blickte Karl zum Aufzug.

»Sei ganz ruhig«, flüsterte Karl.

Nach kurzer Zeit erschien eine kleine Plattform, auf der zwei Polizeibeamte standen. Einer der beiden hielt ein Gewehr und zielte beim Erblicken von Katja und Karl sofort in ihre Richtung. Auch Katja hob ihre Waffe.

Karl stieß sie an und sagte: »Steck die Waffe weg. Das sind die Polizisten, die wir auf dem Bildschirm in dem Kontrollzentrum gesehen haben.«

In Katjas Augen leuchtete Erkennen und sie richtete die Waffe auf den Boden. Als der Lastenaufzug still stand, stiegen die Polizisten aus dem Aufzug aus. Der Beamte mit dem Gewehr pfiff und der Aufzug glitt wieder nach oben.

Ohne irgendeine Begrüßung stellte der Mann mit dem Gewehr sofort eine Frage: »Wer sind sie und was machen sie hier?«

Karl ging auf den Polizisten zu und antwortete: »Mein Name ist Karl und die Dame heißt Katja Tilmann.« Karl entging nicht, wie sich die Stirn des Polizisten runzelte.

»Das erklärt aber immer noch nicht, was sie hier machen.«

Der Lastenaufzug kam wieder herunter und ein dritter Beamter entstieg dem Aufzug.

»Alles ruhig da oben. Von den Wölfen ist nichts mehr zu hören.« Der dritte Mann trug auch ein Gewehr. Er bedachte Karl und Katja mit einem fragenden Blick, der aber nicht unfreundlich war. Als er die Leichen auf dem Boden bemerkte, stieß er einen Pfiff aus.

»Was ist denn hier geschehen? Hier sieht es ja aus wie bei einem Massaker.«

Karl deutete mit dem Daumen auf die Doppeltür. »Auf dem Gang entdeckten wir eine weitere Leiche, der wir auch die Waffe wegnahmen. Und einige Minuten von hier, nach einigen Abzweigungen, haben wir in der Krankenstation ein ähnliches Massaker vorgefunden. Um ihre Frage zu beantworten: Wir wissen auch nicht genau, was hier passiert ist. Wir suchen nach Antworten.«

»Sind sie mit einem BMW hierher gekommen, welchen sie auf dem Waldweg, der zu diesem Anwesen führt, abgestellt haben?«

»Ja. Das ist richtig«, antwortete Katja auf die Frage von Andreas. »Das Fahrzeug gehört mir.«

Die Beamten tauschten erstaunte Blicke aus.

»Sie kennen nicht zufällig einen gewissen Thomas Langer?«

»Tja, leider kennen wir diesen Kerl. Sie sind auf der Suche nach ihm?«, fragte Karl.

»Woher wissen sie das?«

»Wir haben sie vom Kontrollzentrum aus auf den Bildschirmen gesehen. Auf dem ganzen Anwesen sind Kameras installiert«, antwortete Karl.

Jetzt mischte sich auch Wolfgang in das Gespräch ein: »Andreas, weißt du woran mich das ganze Anwesen erinnert? Es kommt mir vor als wären wir im Institut für Genforschung oder einer ähnlichen Einrichtung.«

»Du könntest recht haben, Wolfgang. Wenn es so ist, muss es ein geheimes Projekt sein. Am besten versuchen wir rauszufinden, was hier geschehen ist.«

Sander, der kurze Zeit in der Küche verschwunden war, kam von seiner Erkundungstour zurück.

»Im hinteren Bereich befindet sich eine Küche. Von dort aus gibt es keinen Weg nach draußen. Ich fand nur weitere Leichen, die alle sehr verwest sind. Man könnte von Chaos pur reden. Soweit ich das erkennen kann, handelt es sich zum größten Teil um Küchenpersonal.«

»Können wir nicht über den Lastenaufzug aus diesem Komplex entkommen?«, hakte Karl nach.

»Besser nicht. Wir hatten dort oben eine unliebsame Begegnung mit einem ganzen Rudel aufgebrachter Wölfe. Aber ich denke, wir sollten auch hier unten vorsichtig sein. Es treibt sich hier ein sehr gefährliches Monster herum.«

Diesmal war es an Katja und Karl, erstaunte Blicke auszutauschen. Andreas bemerkte die Blicke und fragte gleich:

»Sie haben nicht zufällig auch eine solche Begegnung gehabt?«

Karl räusperte sich: »Zufällig, ja. Aus dem Grund sind wir auch hier unten. Dieses Monster schnitt uns den Weg ab und uns blieb nur noch die Flucht in das Kontrollzentrum, in dem wir die Tür verschließen konnten. Von da aus führte nur eine Tür weiter in den Komplex.«

»Am besten tun wir uns zusammen. Eine größere Gruppe dürfte für Angriffe, von wem auch immer, gewappneter sein.«

»Dem stimme ich zu«, meinte Karl und nickte.

Als die kleine Gruppe die Kantine verließ, flüsterte Katja Karl ins Ohr: »Wir können ihnen vertrauen. Ich hab den Dreien in ihre Seele geschaut. Sie sind von reinem Gemüt. Wobei mir auffiel, dass sich bei dem Beamten, der Andreas genannt wurde, noch etwas Anderes in seiner Seele befindet. Ich konnte aber nicht genau erkennen, was es ist.«

Ein eigenartiges Gefühl breitete sich in Karl aus und er bekam das Gefühl, dass irgendein großes und schreckliches Ereignis bevorstand. Er spürte förmlich wie sich die Luft um ihn herum immer weiter verdichtete. War es Zufall, dass sie gerade jetzt auf die Beamten getroffen sind? Haben die Beamten vielleicht auch etwas zu verbergen? Warum suchten sie diesen Thomas Langer? Und warum gerade hier?

Auch die Fragen der Beamten waren gerechtfertigt. Allen voran die Frage nach den Geschehnissen in dieser Anlage. Was ist passiert und wer war für dieses Massaker verantwortlich?

Von den vielen Fragen wurde ihm ganz schwindlig. Mit einem Wink verscheuchte er all diese Fragen in die hinterste Ecke seines Bewusstseins. Es käme schon die Zeit, wo alle Fragen beantwortet wurden. Die Zeit war nah. Er musste nur etwas Geduld haben.

36

»Warum? Warum tun die das?«
....
»Ich weiß es. Sie wollen mich fertigmachen. Alle. Alle haben nur den Gedanken, mir wehzutun. Ich muss mich an ihnen rächen. Lass mich ihre Eingeweide herausreißen und ihre Körper zerfetzen. Die Schmerzen sollen schlimmer sein als die Schmerzen, die mir zugefügt wurden.«
....
»Nein, ich darf ihnen nichts tun. Vielleicht können sie mir helfen.«
....
»Papperlapapp. Alles dummes Gerede. Ich wiederhole mich. So langsam müsste mir auffallen, dass es für mich keine Hilfe gibt.«
Die gewaltige Gestalt hob den Oberkörper leicht an und schnaufte. Staub, der sich über einen sehr langen Zeitraum auf dem Dachboden angesammelt hat, wurde durch seinen Atem aufgewirbelt.
»Wenigstens sollte ich Gelbauge vorerst verschonen. Er hat etwas Besonderes an sich.«
....
»Besonderes oder nicht. Hab ich etwa wieder vergessen, wie er mich in dem Wald auslöschen wollte? Wie er mir mit seinen hellen Flammen Schmerzen zufügte? Ich bin erbärmlich. Es wird Zeit, dass ich dieses Denken in den hintersten Teil meiner Gedanken verbanne und jetzt endlich richtig handeln werde.«
....
»NEIN!! Ich darf es nicht tun. Es ist mein Körper.«
....

»Falsch. Eigentlich ist es mein Körper. Aber das will ich ja nicht verstehen. Ich werde mir den ganzen Körper einverleiben, um das zu vollenden, was zu vollenden ist. Ich werde sie alle töten. Meine Zähne werden ihr Fleisch in Stücke reißen und meine Krallen werden ihnen Wunden zufügen, die sie bis zu ihrem Tod nicht mehr vergessen werden. Es wird Zeit für meinen Rachefeldzug.«

....

»Nein. Das darf ich nicht tun. Ich werde dagegen ankämpfen.«

Der Körper bäumte sich auf als würde im Inneren ein gewaltiger Kampf beginnen. Der Dachboden bebte unter dem Gewicht des Monstrums. Die Bretter gaben nach und die Masse Fleisch stürzte eine Etage tiefer. Dabei zermalmte sie beim Aufprall einen Mahagonitisch. Der Körper sprang auf, warf sich herum, schlug durch die Tür auf den Flur und gegen die gegenüberliegende Wand. Die Tapete wurde von den Krallen zerfetzt. Risse breiteten sich in dem Holz aus und erweiterten sich zu einem verwirrenden Spinnennetz. Die Gestalt polterte den Gang entlang und stieß einen markerschütternden Schrei aus. In weiter Ferne konnte man das Heulen von Wölfen vernehmen, wie eine Antwort auf den Schrei. Die rot glühenden Augen änderten sich kurze Zeit in ein sanftes grün, doch dann, wie ein Schlag, pulsierten die Augen wieder in einem hasserfüllten Rot.

Nun lag der Körper ganz ruhig. Nur das Heben der Brust zeigte das Leben in diesem Körper. Ein lauter Seufzer entfuhr der Gestalt und langsam erhob sie sich. Die Augen blickten den Flur entlang und leuchteten wie zwei Rubine in der Dunkelheit.

»Jetzt beginnt die Jagd. Was für ein Spaß wird das werden. Ich komme und hole euch.«

Der gewaltige Körper setzte sich in Bewegung und schlich das Haus hinunter.

37

Was machen bloß diese Wölfe hier? Die waren doch vorher nicht da.

Thomas beobachtete die gut 50 Wölfe, wie sie auf der östlichen Seite des Anwesens hinter dem großen Haus verschwanden. Er folgte ihnen. Ein kräftiger Wind blies ihm ins Gesicht und er dachte daran, dass die Wölfe ihn wohl bei diesen Windverhältnissen nicht wittern könnten. Als er gerade um die Ecke der großen Villa bog, blickte er auf die rückwärtige Fläche des Anwesens. Im selben Augenblick ertönte aus dem Haus ein unmenschlicher Schrei.

Das erste Mal seit dem Experiment verspürte Thomas eine Heidenangst. Ein Schauder lief seinen Rücken hinunter und für einen kurzen Augenblick stieg Panik in ihm auf. Was konnte so einen unmenschlichen Schrei von sich geben? Und aus welchem Grund? Vor Schmerzen? Vor Wut oder Zorn? Thomas konnte sich darauf keinen Reim machen. Der Panikanfall verschwand und er suchte nach den Wölfen.

Gegenüber der rückwärtigen Wand der Villa tat sich eine Schlucht auf, in der sich die Wölfe aufhielten. Wohin die Schlucht führte, konnte er nicht erkennen. Ein Weg führte zwischen den steilen Felswänden hindurch. Hier und da lagen heruntergestürzte Felsbrocken.

Wie zur Antwort auf den Schrei fielen die Wölfe in ein vielstimmiges Geheul ein. Es endete abrupt.

Die Wölfe liefen weiter in die Schlucht hinein und Thomas folgte ihnen, immer darauf bedacht, einen genügend großen Abstand zwischen sich und den Wölfen zu halten. Nach fast einem Kilometer öffnete sich die Schlucht in einen kleinen Talkessel. Der Durchmesser betrug etwa zwei Kilometer.

In der Mitte des Talkessels befand sich ein Gebäude mit Metallwänden. Ein riesiges Tor stand offen und ließ einen Blick ins Innere werfen. Im Inneren des Gebäudes sah man mehrere Fahrzeuge stehen. Davon waren mehr als die Hälfte Geländefahrzeuge mit Allradantrieb. Zwei Motocrossräder lagen umgekippt in der Halle. Ein Schneepflug stand quer neben dem Tor.

Im hinteren Bereich der Halle befand sich ein großer Aufzug, der mit einem Stahlgitter gesichert wurde. Vor dem Gebäude lagen etliche Leichen in schon verwesendem Zustand. Die Leichen trugen zumeist Uniformen, aber auch weiße Kittel und Zivilkleidung. Rechts vom Gebäude erhob sich eine kleine Anhöhe, auf der sich ein Landeplatz für Helikopter befand. Er war leer.

Die Wölfe hatten sich vor dem großen Tor niedergelassen. Keiner der Wölfe machte Anstalten, die Halle zu betreten.

Thomas rieb sich mit der Hand die Stirn. Die Kopfschmerzen traten wieder ein. Wie er bemerkte, in mittlerweile immer kürzeren Intervallen. Ganz schlimm wurde es vor allem dann, wenn er vor einem Problem stand. Seine Neugier war sehr groß und er wollte unbedingt wissen, was sich in diesem Gebäude befand. Dieses ganze Anwesen barg ein Geheimnis und er wollte um alles in der Welt herausfinden, worum es sich handelte. Aber wie sollte er an den Wölfen vorbei kommen? Fast ergab er sich der Versuchung, seinen Weg einfach freizukämpfen, was er jedoch schnell verwarf. In seinem Unterbewusstsein sagte ihm irgendetwas, diesen Wölfen nichts zu tun. Sollte er seine Schnelligkeit ausnutzen? Versuchen, zwischen den Wölfen hindurchzukommen, den Aufzug zu erreichen und ins Innere des Komplexes vorzudringen? Und was war, wenn der Aufzug nicht funktionierte?

Ein leises Knurren lenkte ihn vom Talkessel ab. Thomas drehte sich um und blickte in die Augen einer weißen Wölfin.

»Oh scheiße. Wie kommst du denn hinter mich? Ganz ruhig, Kleine. Ich tu dir und deinen Artgenossen nichts.«

Als würde den Wolf diese Aussage nicht interessieren ging

er in Angriffsstellung. In leicht geduckter Haltung stand er vor Thomas, bereit, jeden Moment zum tödlichen Sprung anzusetzen. Die Ohren des weißen Wolfes zuckten wie kleine Radarantennen in alle Richtungen. Er fletschte die Zähne und Speichel rann an seinen Lefzen herunter.

»Sieht aus, als würdest du anderer Meinung sein. Nun gut.«

Thomas drehte die Ferse seines rechten Fußes in den Boden, um Halt zu bekommen. Dann kam der Angriff. Die weiße Wölfin sprang und gleichzeitig sprang auch Thomas in die Höhe. Sie verfehlten sich nur knapp. Das Maul des Wolfes schnappte nach Thomas Unterarm, doch Thomas machte in der Luft eine 180-Grad-Drehung und versuchte seinerseits mit einem Fausthieb die Schläfe des Wolfes zu treffen. Ohne Erfolg. Mit einem Seitenblick erkannte Thomas, dass die 50 Wölfe im Talkessel auf den Kampf aufmerksam wurden. Sie erhoben sich und schlenderten in seine Richtung.

Verdammter Mist. Jetzt wird es wohl Zeit, abzuhauen.

Laut sagte er zum weißen Wolf gewandt: »Wir werden mit Sicherheit noch Gelegenheit haben, unseren Kampf fortzusetzen.«

Als Antwort erhielt er ein bösartiges Knurren.

Thomas schnellte von der weißen Wölfin weg und rannte quer durch den Talkessel. Zwei Wölfe sprangen ihn an. Dem einen Wolf wich er aus und den anderen Wolf packte er an seinem buschigen Schwanz und schleuderte ihn gegen einen dritten, herannahenden Wolf. Beide stießen zusammen und gingen mit einem Jaulen zu Boden. Einem vierten Wolf schlug Thomas beim Vorbeilaufen die Faust gegen die Brust. Der Wolf japste und Blut spritzte aus seinem Maul. Kurz vor dem riesigen Tor schnappte ein Wolf nach Thomas rechter Ferse und traf. Er verlor das Gleichgewicht, stürzte und landete mit einem harten Schlag auf dem Boden. Ohne eine Sekunde zu verschenken, drehte sich Thomas um und trat dem Wolf mit seinem linken Fuß gegen den Kiefer. Es knackte, als der Kiefer brach. Thomas schwang sich hoch, wobei ein kurzer, aber heftiger Schmerz sein Bein hochschoss. Wut breitete sich in seinen Gedanken aus. Zorn spülte wie eine riesige Welle all seine anderen Gefühle fort.

Er packte den nächsten Wolf, der sich in seine Nähe wagte, an der Kehle und warf ihn mit voller Wucht gegen die Metallwand des Gebäudes. Der Körper des Wolfes zersprang regelrecht in eine undefinierbare Masse aus Fleisch, Knochen und Blut. Nach einem kurzen Sprint in die Halle fing Thomas zwei Wölfe mitten im Sprung auf, krallte sich mit seinen Händen jeweils in ihr Genick und schlug ihre Köpfe zusammen. Die Köpfe zerplatzten wie zerquetschte Hühnereier. Leblose Körper fielen zu Boden und eine breiige Gehirnmasse breitete sich in der Umgebung der Körper aus.

Ein Blick von Thomas auf das Stahlgitter verriet ihm, dass es nicht gänzlich mit der Decke abschloss. Mit einem kräftigen Sprung flog er über das Gitter und landete auf der anderen Seite. Hinter ihm hörte er wie Wolfskörper gegen das Gitter prallten. Ein Knurren und Jaulen begleitete das Vibrieren des Gitters. Thomas drehte sich um. In der Mitte der Halle ragte die Wölfin über all die anderen Wölfe und starrte ihn an. Aus diesem Blick konnte Thomas entnehmen, dass die Sache für sie noch nicht erledigt war.

»Wir werden uns wiedersehen«, rief Thomas dem Wolf zu, was mit einem Knurren mehrerer Wölfe beantwortet wurde. Leiser fügte er hinzu: »Und nächstes Mal werde ich nicht fliehen. Ich muss erst andere Dinge erledigen.«

Er grinste die Wölfin an und wandte sich danach dem Aufzug zu. Beim Betätigen eines roten Knopfes mit der Aufschrift »*Abwärts*« bewegte sich der Aufzug hinab in die Tiefe. Das Letzte, was Thomas sah, war, wie sich die weiße Wölfin dem Stahlgitter abwandte und mit ihrem Rudel die Halle verließ.

38

Vielleicht gibt es bei den Leichen eine ID-Karte. Wenn wir einige der Leichen durchsuchen, vor allem die Uniformierten, werden wir vielleicht fündig«, gab Sander zu bedenken.

»Also gut. Ihr beide...«, dabei zeigte Andreas auf Wolfgang und Sander, »...geht und sucht nach einer passenden ID-Karte. Entfernt euch nicht zu weit. Hier unten scheint es zwar keine unmittelbare Gefahr zu geben, doch Vorsicht ist die Mutter der Porzellankiste. Solltet ihr innerhalb von 15 Minuten keinen Erfolg haben, kehrt ihr zurück und wir werden einen anderen Weg suchen.«

»Jau, Chef«, sagte Sander grinsend und salutierte. Wolfgang und Sander verschwanden um die Ecke des Ganges, von wo die Gruppe gekommen war.

Mittlerweile waren alle bestens bewaffnet. Sie hatten genügend Munition gefunden, um einen Kleinkrieg anzufangen. Die meisten uniformierten Leichen hatten anscheinend keine Möglichkeit gehabt, ihre Waffen einzusetzen, bevor sie starben.

Karl trug nun auch ein Gewehr in der Hand, mit dem er sich aber nicht unbedingt wohlfühlte.

Nachdem sie die Kantine verließen, folgten sie dem Gang, nahmen mehrere Abzweigungen und durchquerten verschiedene Räume. In einem Raum, welcher der Krankenstation ähnelte, war Wolfgang von Katja an seinem Arm ordentlich verarztet worden.

Auf dem Weg wurden etliche Leichen durchsucht, um so an mehr Munition zu gelangen. Die meisten Leichen trugen allerdings weiße Kittel, waren also anscheinend irgendwelche Ärzte, die aber so verstümmelt waren, dass sich keiner des Grüppchens an diese Leichen wagte.

Schließlich gelangte die Gruppe zu einer Tür, die elektronisch verschlossen war. Man benötigte eine ID-Karte, was bedeutete, dass hinter dieser Tür etwas Wichtiges vorzufinden war. Jedenfalls hoffte das die gesamte Gruppe.

»Wie fanden sie eigentlich heraus, dass es hier ein Anwesen gibt?«, fragte Andreas und betrachtete ein Schild, auf dem »*Versuchslabor*« stand und in die Richtung der elektronischen Tür zeigte.

Karl blickte Andreas an und erwiderte: »Durch einen gewissen Dr. Freimann. Er sagte, ich würde hier eine Lösung für mein Augenproblem finden. Ein kleiner Genfehler.«

Beim Namen des Doktors zuckte Andreas unmerklich mit der rechten Wimper.

»Dr. Freimann? Wann sahen sie ihn denn zuletzt?«

Karl stellte eine Gegenfrage: »Wird das ein Verhör? Und wenn ja, warum?«

Andreas sah Karl tief in die Augen: »Weil er tot ist.«

Katja mischte sich in das Gespräch ein: »Ja, das wissen wir. Karl und ich waren dabei, als er starb.«

Wäre die Situation nicht so ernst gewesen, hätte Karl laut gelacht, als er das erstaunte Gesicht des Beamten sah.

»Sie waren bei dem Mord dabei?«, fragte Andreas ungläubig.

Nach einem Blick auf Katja erzählte Karl von den Ereignissen in Dr. Freimanns Haus, wobei er einige Stellen des Kampfes mit Thomas Langer aus seiner Geschichte strich. Seine Fähigkeit wollte er noch nicht preisgeben. Er war sich nicht sicher, wie der Beamte das auffassen würde.

Gerade als Karl mit seiner Erzählung endete, tauchten Wolfgang und Sander mit einem zufriedenen Gesicht auf. Sie lächelten die Drei an und Wolfgang winkte mit einer elektronischen Karte.

»Mission erfolgreich. Wir fanden die Karte bei einer der

Leichen, die anscheinend zum Ärztepersonal gehörten. Was ist los?«, er schaute besorgt in die drei Gesichter. »Ihr schaut aus, als hättet ihr irgendein Geheimnis gelüftet, was nicht gerade angenehm ist.«

»Die beiden Herrschaften haben den Mord an Dr. Freimann gesehen. Sie waren sogar vor Ort und haben alles live gesehen.« Auf die bestürzten Gesichter der beiden Kollegen fügte Andreas schnell noch hinzu: »Davon aber später mehr. Lasst uns erst die verdammte Tür aufmachen. Ich platze fast vor Neugier.«

Wolfgang ging mit einem verständnislosen Gesichtsausdruck zum ID-Erkenner und zog die ID-Karte durch den dafür vorgesehenen Schlitz. Eine rote Lampe leuchtete auf und ein lautes Piepen war zu vernehmen.

»Eigenartig. Warum funktioniert die Karte nicht?«

Er wischte die Karte an seinem Hemdsärmel ab und versuchte es ein zweites Mal. Diesmal schien es zu klappen. Eine grüne Lampe leuchtete auf und ein Summen ertönte. Die Tür fuhr elektronisch auseinander und offenbarte einen Blick auf eine riesige, unterirdische Höhle.

»Die Höhle haben wir schon im Kontrollzentrum mithilfe der Kameras gesehen«, hauchte Katja, »aber ich hätte nicht gedacht, dass die so riesig ist.«

Die Deckenhöhe war mit Sicherheit über dreißig Meter hoch. Das Ende der Höhle war kaum zu erkennen. Hinter der Tür traten sie auf eine Plattform, an der eine Wendeltreppe fast zehn Meter in die Tiefe führte. Unten im Hauptbereich der Höhle befanden sich viele Zellen mit Schreibtischen, auf denen Computer standen, die wohl Arbeitsplätze darstellten.

Viele Türen führten aus der Höhle in alle erdenklichen Richtungen. Im hinteren Bereich der Höhle befand sich eine Erhöhung, auf der zwei große Behälter verankert waren. Mit Schläuchen waren sie mit einem größeren Behältnis verbunden, welches aus Plexiglas gefertigt war. Chaos herrschte in der Höhle, schlimmer als in allen anderen bisher gesehenen Räumen.

Computer lagen zerstört auf dem Boden. Büromaterial lag verstreut im ganzen Raum. Die Wände der Höhle waren nicht verputzt und wiesen meterlange Risse auf. Ein Teil der Anlage, die zu den zwei Behältnissen und dem Plexiglasbehältnis gehörte, war herausgerissen und gegen eine nahe gelegene Wand geschleudert worden. Geröll bedeckte einen Teil des Bodens in der Nähe der Behältnisse, welches von den Wänden abgesprungen war. Eisentüren lagen zerborsten vor den jeweiligen Eingängen, samt Scharnieren aus den Rahmen gerissen. Es lagen doppelt so viele Leichen in der Höhle wie bis jetzt gefundene.

Im Allgemeinen glich die Höhle einem Schlachtfeld.

»Ach du heilige Scheiße. Somit hätten wir wohl den Ausgangspunkt des ganzen Massakers gefunden«, sagte Wolfgang angeekelt.

»Da könntest du recht haben. Hier werden wir wohl den Grund finden, warum das hier alles passiert ist«, meinte Andreas.

Karl blickte auf die Behältnisse. Dort würde er die Antworten auf seine Fragen erhalten. Er wusste es einfach. Und doch machte sich in ihm ein ungutes Gefühl breit, dass sie nicht alleine waren. Die Gruppe stieg nacheinander die Wendeltreppe hinunter und drang tiefer in die Höhle ein. Oft mussten sie über die Leichen steigen oder einen anderen Weg suchen, weil der Weg durch Geröll, Gesteinsbrocken oder große Gerätschaften versperrt war.

Nachdem sie die Hälfte der Höhle durchquerten, vernahmen sie ein Geräusch und ein bläulicher Nebel stieg aus dem Boden der Erhöhung empor. Ohne zu zögern richteten alle ihre Waffen auf den eigenartigen Nebel. Eine Stimme dröhnte in die Höhle hinein und hallte von den Wänden wider.

»Endlich. Du hast hierher gefunden. Bemerkenswert. Nun kann das Ende langsam kommen. Es wird Zeit, das zu nehmen, was ich noch zur Vollkommenheit benötige.« Eine Gestalt schälte sich aus dem Nebel, doch waren nur undeutliche Konturen zu erkennen. Die Gestalt lachte irre, so als stünde sie unter Drogen.

»Was bist du? Und warum soll das Ende kommen? Identifizieren sie sich. Langsam wird mir der ganze Hokuspokus zu viel. Ich komme mir schon vor als wäre ich in einem Hollywoodstreifen mit unglaublich tollen Spezialeffekten«, schrie Andreas und kam sich dabei reichlich albern vor.

Die Luft war spannungsgeladen. Die Nervosität des Grüppchens wurde immer größer. Wieder lachte die Gestalt auf der Erhöhung.

»Ihr seid zu lustig. Ich spüre den Hass in Karl und das gibt mir Befriedigung. Ihr wollt wissen, wer ich bin? Also gut.«

Bei den nächsten Worten bebte die ganze Höhle:

»Ich bin Armides Metzlokrea. Ich existiere seit annähernd dreihundert Jahren. Am Anfang meiner Zeit war ich ein griechischer Visionär. Meine Visionen waren so lebhaft, dass ich Teile daraus malte. Ab diesem Zeitpunkt fing meine Suche nach absoluter Macht an. Ich suchte die Reinheit, doch ich fand all die vielen Jahre nur Leere. Dann zeigte mir eine Vision die Schlacht. Die Schlacht, die zwischen Naturgewalten entstand. Regen und Feuer, Erde gegen Himmel. So sehr ich mich auch anstrengte wurde mir deren Ende nicht offenbart.«

Alle waren wie gebannt. Trotz des Bebens rührte sich keiner vom Platz und sie hörten der Stimme weiter zu.

»Vor einigen Jahren begann ich dieses Forschungslabor zu errichten. Es sollte nur ein Ziel haben: Die Anlockung der reinen Macht. Um den Schein zu wahren, musste ich den Bau des Forschungslabors geheimhalten. Als Leitenden erschien mir Professor Freimann sehr prädestiniert. Er erschuf mir eine Kreatur mit der Absicht, dass sie mir loyal dienen sollte. Nach meinen Informationen habt ihr mit ihr ja mittlerweile Bekanntschaft geschlossen. Die Bestie rastete aus und das Resultat konntet ihr hinreichend betrachten...«

Wie ein Schweif fasste ein Teil des bläulichen Nebels die gesamte Höhle ein. »Mein Ziel, die reine Macht anzulocken, ist ebenfalls ein voller Erfolg, denn sie befindet sich hier. Katja!«

Als Katja ihren Namen hörte, erstarrte sie. *Ich? Warum? Wieso ich?*

Alle Personen in der Höhle blickten auf Katja. Karl sprach schließlich den Gedanken aus, den alle hatten: »Katja? Warum? Was hat sie mit der ganzen Sache zu tun?«

»Tja. Das ist eine gute Frage«, antwortete die Gestalt. »Katja ist die Einzige in dieser Höhle, die von Geburt an einen genetischen Fehler besitzt, der ihr aber unglaubliche Kräfte ermöglicht. Ja, Katja. Da staunst du. Woher ich das wohl weiß? Ich habe dich schon sehr lange beobachtet und ich muss deiner Mutter recht geben. Du hast die Gabe. Und jetzt komm ich ins Spiel. Ich will sie haben. Karl und die Bestie wurden durch Experimente oder andere künstliche Ereignisse in ihre jetzigen Fähigkeiten hinein gedrängt. Du aber besitzt reines Blut und damit die reine Gabe. Du ahnst ja nicht, was für eine ultimative Kraft du besitzt.«

»Das kann nicht sein.« Katja schüttelte den Kopf. »Das alles soll wegen mir geschehen sein. All die Morde, all die Experimente. Das lass ich nicht zu. Wenn ich solche Kräfte habe, sollen sie diese Kräfte nicht erhalten.«

»Da wäre ich nicht so sicher, mein Kind.«

Der Nebel verzog sich und die Gestalt festigte sich im Licht. Die zappelnden Schatten verschwanden. Blauer, dichter Nebel umgab die Gestalt, aber trotz des Nebels konnten die Gesichtszüge genau erkannt werden.

»Pfarrer Metzler!«, brach es aus Karl und Katja gleichzeitig heraus. Ungläubig starrten sie die Gestalt an.

»Nein. Ein Pfarrer bin ich schon lange nicht mehr. Gott hat mich schon lange verlassen. Daher brauche ich auch deine Kräfte, liebe Katja. Ich werde mich an diesem hohen Wesen rächen und diese Rache wird die ganze Welt erschüttern.«

Im selben Augenblick zischte eine riesige Gestalt in die Höhle und landete mit einem Donnern auf einem herabgestürzten Felsbrocken. Staub wirbelte auf und bedeckte Schreibtische, Stühle und Computer. Der deformierte Kopf des Wesens hob sich in die Luft und schrie. Purer Hass war dem Schrei zu entnehmen. Der Schrei ließ den Boden erzittern und die Wände erbeben. Er hallte von den Wänden ab, was ihn noch verstärkte.

Die Gestalt sah aus wie der leibhaftige Teufel. Sein Gesicht war ein wenig in die Länge gezogen, die Schnauze besetzt mit scharfen Zähnen. Menschliche Ohren zuckten nach vorne. Die Haarfarbe konnte wegen des Drecks nicht erkannt werden. Fast bis zur Schulter reichte das Haar. Der ganze Körper war von Muskeln durchsetzt. Die Wirbelsäule hob sich aus dem Rücken hervor, nur noch von Haut gehalten. Lange Krallen hinterließen auf dem Gesteinsbrocken Furchen. Der ganze Körper der Gestalt war mit Blutadern durchzogen und machte einen ekelerregenden Eindruck. Die Größe der Gestalt reichte fast an die 3 Meter.

Die Mischung aus Mensch und Wolf war nicht zu übersehen und ließ alle anderen Personen in der Höhle erschauern. Sein Blick flog unentschlossen von der Gestalt, welche von bläulichem Nebel umgeben war, zu dem kleinen Grüppchen, das erschrocken und erstarrt das Monstrum betrachtete. Die roten, hasserfüllten Augen fixierten Karl.

Das Monstrum fing an zu knurren: »DU. Du wirst mir jetzt helfen! Wenn du dich dagegen entscheidest, werde ich dich in der Luft zerfetzen.« Das Monstrum schielte zur Gestalt auf der Erhöhung. »Und du. Deine Gestalt kenne ich. Dir habe ich zu verdanken, dass ich zur Bestie wurde. Du hast zugesehen und die Menschen dazu animiert, mich weiter zu quälen. Sie haben mich mit diesem Menschen verbunden. Vereinigt zu einer Bestie. Auch dich werde ich in der Luft zerfetzen.«

Das Gehirn arbeitete auf Hochtouren. Zweifel stiegen in ihm auf, wen er zuerst angreifen und vernichten sollte. Da es von Karl noch Hilfe erwartete, entschied es sich, die Gestalt in dem bläulichen Nebel anzugreifen. Rache für seine Qualen. Rache für sein ertragenes Leid. Wie zur Bestätigung seiner Gedanken meldete sich eine andere Stimme: »Ja, ich gebe dir recht. Ich bin wieder da und diesmal denke ich anders. Diesmal wird es Rache geben und ich hege keine Zweifel, dass ich das Richtige tu.« Die Augen wechselten von rot in grün und wieder zurück, bis die Pupille in einer zweigeteilten Farbe blieb. Rot und Grün nahmen jeweils genau die Hälfte der Augen ein.

Karl stand wie vom Donner erstarrt da und gab keinen Laut von sich. Er befand sich in einer Art Trance. Tränen kullerten seine Wange hinunter und seine Hände zitterten. Für ihn brach in gewisser Weise eine Welt zusammen. Auf der einen Seite ein Monstrum, Schuld an Saras Tod. Er verspürte Rachegelüste, den Tod Saras zu vergelten und dem Mörder seine gerechte Strafe zu geben. Auf der anderen Seite eine Gestalt, die sich immer für seinen Freund ausgegeben hatte. In Wirklichkeit zog er aber die ganzen Fäden aus dem Hintergrund. Trauer empfand er in diesem Augenblick für seinen verlorenen Freund.

Plötzlich verschwand seine innere Wut und ein großes, leeres Loch pflanzte sich an dessen Stelle. Die Welt um ihn herum verschwamm und eine Stimme in seiner Seele flüsterte: *Denke nicht an Rache, Liebster. Du musst ihn aufhalten, für den du Trauer empfindest. Tu dies aus Liebe zu deinem Volk und der ganzen Welt. Vernichte ihn. Und danach komm zu mir. Ich warte auf dich.*

Die Leere verflog und er sah sein Herz in ruhigen, regelmäßigen Schlägen pulsieren. Seine Hände hörten auf zu zittern und in seinem inneren Auge entstand das Bild von Sara. Sie lächelte ihm aufmunternd zu. Ein Wonnegefühl durchflutete seinen Körper. Die Hitze und das Feuer verschmolzen mit seiner Person. Die Kette fraß sich in seine Brust, bis die Haut die Kette vollständig umschloss. Er atmete tief ein. Ein Flammenmeer ergoss sich in seine Lunge und es kam ein befreiendes Stöhnen von ihm.

Bei jedem Wort, was er sagte, schoss eine kleine, gelb-rote Flamme aus seinem Mund. Seine Augen versprühten goldene Blitze.

»Jetzt ist Schluss mit dem Gequatsche. Du willst dich an Gott rächen? Versuche es. Ich werde dich aufhalten!«

Karl sprang über die Köpfe der kleinen Gruppe hinweg und landete vor Metzlokrea. Eine Hand schoss vor, packte Metzlokrea ohne Vorwarnung am Handgelenk und schleuderte ihn quer durch die ganze Höhle. Der Arm Metzlokreas fing Feuer. Mit einem ohrenbetäubenden Knall schlug er gegen die gegenüberliegende Wand. Der Boden bebte. Metzlokrea fing den Sturz ab, sprang auf die Füße und starrte Karl aus hasserfüllten Augen an.

»Das hättest du nicht tun sollen, du Wurm.«

Der blaue Nebel um Metzlokrea verdichtete sich. Eine Fontäne blauen Nebels schoss in die Höhe, traf die Decke und prallte ab. Sie schoss auf Karl zu. Im letzten Augenblick vollführte Karl ein Rad und konnte so dem Nebelgeschoss ausweichen.

Im selben Augenblick stieß Andreas Wolfgang an. »Los. Bring die Frau mit Sander raus!«, schrie er über den Lärm des Kampfes hinweg.

Wolfgang wollte widersprechen, doch Andreas ließ ihn nicht. »Macht schon!«

Wolfgang nickte, packte Katja am Arm und riss sie mit sich auf einen der Eingänge zu, dicht gefolgt von Sander.

Das Monstrum beteiligte sich mittlerweile an dem Kampf. Es schlug mit übergroßen Pranken auf Metzlokrea, doch dieser wich den Schlägen immer wieder geschickt aus. Dabei murmelte er Worte in einer fremden Sprache. Aus dem Nebel lösten sich kleine, blaue Kreaturen mit Flügeln. Mit jeder Sekunde wurden es mehr und ein Teil der kleinen Armee wendete sich Karl zu.

Sie flogen mit hoher Geschwindigkeit auf Karl zu, dass dieser keine Möglichkeit sah, den kleinen Kreaturen irgendeinen Schaden zuzufügen. Als sie Karl erreichten, stachen etliche winzige Spitzen in Karls Haut. Das Umfeld wurde warm, dann heiß. Die Hitze nahm in der gesamten Höhle zu. Weitere fliegende Kreaturen lösten sich aus dem Nebel und attackierten auch die Bestie.

Die Bestie und Karl wehrten sich verbissen und zerquetschten viele dieser winzigen Kreaturen. Doch es wurden immer mehr. Aus Zorn schoss Karl Feuerbälle um sich, damit der größte Teil der fliegenden Armee ihn nicht mehr erreichen konnte oder schon durch das Feuer umkam. In der ganzen Höhle entstanden Feuerherde, die sich ausbreiteten.

Andreas konnte nur noch mit Mühe erkennen, was sich zwischen den Kontrahenten abspielte. Eine Feuerwand verschloss ihm schließlich ganz die Sicht und er lief Gefahr, die Orientierung in der riesigen Höhle zu verlieren. Einen Augenblick später ertönte eine Stimme in seinem Kopf, die ihm bekannt vorkam.

Bleib ruhig, Wolfsfreund. Ich habe meinen wahren Feind erkannt. Beweg dich nicht. Wir holen dich gleich heraus.

Durch Rauch und Feuer bemerkte Andreas eine weiße Gestalt auf vier Beinen. Die weiße Wölfin blickte kurz in seine Richtung und wandte sich dann etwas Anderem zu, was außerhalb seines Sichtfeldes lag. Weitere Wölfe strömten in die Höhle und stürmten auf die kleinen, blauen Kreaturen zu. Ein Geheul erklang und erfüllte die gesamte Höhle. Sie schnappten nach ihnen mit ihren Fangzähnen. Krallen rissen die blauen Kreaturen entzwei.

Die Bestie kämpfte sich langsam in Metzlokreas Richtung. Aus den Händen Metzlokreas schossen blaue Nebelstreifen in die Luft, explodierten und schwebten auf die angreifenden Wölfe zu. Das Fell der getroffenen Wölfe ätzte weg und rohes Fleisch wurde sichtbar. Ein mitleiderregendes Jaulen erscholl von den getroffenen Tieren und sie wanden sich im Todeskampf. Durch Mitleid angespornt warf sich die Bestie in die Höhe, vollführte einen Satz und knallte mit voller Wucht gegen Metzlokreas Brust. Dieser stürzte zu Boden und hielt sich eine offene Wunde, die durch den Aufprall an der Hüfte entstanden war. Die Bestie setzte nach, wurde aber von einem Dutzend der kleinen Kreaturen aufgehalten. Sie stachen in seine Haut. Vor lauter Zorn schrie er auf und schlug nach allen Seiten. Mehrere getroffene Kreaturen lösten sich mit einem lauten *Plop* auf.

Auch Karl erwehrte sich seiner Haut. Immer wieder bekam er die kleinen Biester zu packen und zerdrückte sie in seinen Händen. Feuer umhüllte seinen Körper und tötete etliche Gegner durch bloße Hitze. Gerade war er dabei sich wie die Bestie in Metzlokreas Richtung zu kämpfen, als er eine geduckte Gestalt durch einen der vielen Eingänge huschen sah. Seine Augen zoomten das Bild der Gestalt heran und er erkannte Thomas.
So ein Mist. Der hat mir gerade noch gefehlt.
Thomas betrachtete verblüfft das Spektakel. Fasziniert beobachtete er durch Feuer und Rauch, wie sich die Bestie um Metzlokrea schlang und diesen zu Boden riss. Als er Karl entdeckte, erfüllte ihn eine unglaubliche Wut. Blaue, geflügelte Kreaturen umgaben Karl. Mordlust und Rachegelüste schwappten an die Oberfläche seiner Bedürfnisse und durchstießen diese.

Entschlossen wandte er sich Karl zu, um sich für seine Verbrennungen an Karl zu rächen. Er sprang in die Luft, um in die Nähe von Karl zu gelangen. Leider kam er nicht dorthin. Ein kräftiger Schlag lenkte ihn aus seiner Bahn und er krachte gegen einen brennenden Schreibtisch. Sein rechter Arm fing Feuer und Schmerzen schossen in sein Gehirn. Angst mischte sich mit Entsetzen. Erinnerungen an die Flammenzunge erwachten in ihm, die ihm damals in Freimanns Haus schon Schaden zugefügt hatte. Eine weiße Gestalt erhob sich über ihm. Das Fell der weißen Wölfin war an verschiedenen Stellen angesengt, doch büßte dies nichts von ihrer imposanten Gestalt ein.

Also gut. Der Kampf gehört dir, dachte Thomas, erhob sich und sprang der Wölfin mit einem Kampfschrei entgegen. Beide Körper verkeilten sich. Die Wölfin biss mit ihrem kräftigen Kiefer in Thomas Schulter. Kein Blut floss, doch der Schmerz war für Thomas deutlich zu spüren. Er ballte seine Hand zur Faust und schlug auf die Wölfin ein.

Mehr und mehr Rauchschwaden umgaben Andreas und er hatte Probleme, richtig atmen zu können. Ein Hustenanfall schüttelte seinen Körper und er fiel auf seine Knie. Die Augen tränten vom beißenden Rauch. Er versuchte seine Lungen vor dem Qualm zu schützen, indem er eine Hand vor Nase und Mund hielt. Unglücklicherweise nur mit mäßigem Erfolg.

Katja stand mit Wolfgang und Sander auf der anderen Seite der Höhle. Sie waren den Bränden ausgewichen und hielten sich von den Kämpfen fern. Frust, Trauer, Mitleid und Zorn stiegen mit gleichmäßiger Intensität in ihren Herzen hoch. Ihre Augen erfassten den kämpfenden Karl, wie er aus vielen, kleinen Wunden blutete und sich gegen die nervenden Viecher erwehrte. Metzlokrea verteidigte sich gegen die Bestie und eine Vielzahl an Wölfen, die immer wieder nach vorne stießen und ihm weitere Wunden zufügten. Thomas rangelte mit dem weißen Wolf zwischen Feuerwänden und es schien, als würde keiner der beiden die Oberhand gewinnen. Wie eine eingestellte Zündung explodierte etwas in Katjas Innerstem. Licht umgab sie plötzlich und vor Schreck wichen Sander und Wolfgang von ihr zurück.

In ihr brodelte etwas, was sie vorher noch nie zuvor gespürt hatte. *Macht!* Als ihr das bewusst wurde, entlud sie die ganze Macht, die sie besaß, mit einem einzigen Schlag. Ein greller Lichtstrahl entwich ihrem Körper und entlud sich in der Höhle. Der Lichtstrahl füllte jede noch so winzige Ecke der Höhle aus. Durch die Energie, die ihrem Körper entwich, fing die ganze Höhle an zu beben. Die Decke gab nach und stürzte ein.

Gesteinsbrocken so groß wie Autos schlugen auf dem Boden auf und hinterließen große Krater. Genau in der Mitte der Höhle riss der Boden auf und ein Schlund öffnete sich, der die Höhle in zwei Hälften teilte. Zerstörte Computer, kaputte Schreibtische, brennende Schränke und Stühle verschwanden in dem Schlund. Leichen wurden in die Luft geschleudert und fielen in den Abgrund. Sander und Wolfgang wurden von den Beinen gefegt und schlugen auf dem Boden auf. Auch Andreas kämpfte mit dem Gleichgewicht, konnte es aber im Gegensatz zu seinen Kollegen halten. Katja fuhr mithilfe des Stroms fast fünf Meter in die Höhe.

Ein Lichtblitz fuhr aus ihrer Brust heraus, blieb kurz in der Mitte der Höhle starr in der Luft und explodierte dann in alle möglichen Farben. Langsam glitt Katjas Körper wieder zu Boden und blieb dort liegen. Ein dunkler Umhang legte sich um Katjas Bewusstsein und es wurde dunkel.

Die Nase von Wolfgang blutete, doch hielt ihn das nicht davon ab, zu Katja zu kriechen, aufzustehen, sie sich über die Schulter zu werfen und auf einen Ausgang zu zu rennen. Sanders lebloser Körper lag unter einem Gesteinsbrocken, die Augen vor Schreck weit aufgerissen.

Trotz des Lärms kämpften die drei Gestalten weiter. Alle Drei bluteten aus unzähligen Wunden. Die Bestie hatte sich in Metzlokreas Wade fest gebissen. Blut lief sein Bein herunter und der Knochen brach. Karl hatte ebenfalls die von blauem Dunst umhüllte Gestalt erreicht. Ein Schlag verfehlte sie. Mit den Händen packte sich Metzlokrea Karl und hielt ihn in einem eisernen Griff fest umschlungen, wobei er Karl die Luft aus den Lungen presste. Die kleinen Kreaturen schwirrten um die drei Personen herum und stachen immer wieder in weiches Fleisch.

Über Karls Hände flossen unaufhörlich Massen an Feuerwellen auf den Körper von Metzlokrea. Aus den Augen blitzten gelbe Feuerkugeln auf dessen Haupt herab. Metzlokrea hingegen war von dem blauen Nebel vollständig umgeben. Der Nebel drang immer wieder in die Körper seiner Kontrahenten und zerfraß innere Organe. Das Trio kämpfte nahe dem Schlund und mit jeder Bewegung eines Kontrahenten näherten sie sich dem Schlund weiter.

Die Wölfin hatte Thomas zum selben Zeitpunkt endlich zu Fall gebracht. Von allen Seiten drangen weitere Wölfe auf ihn ein. Thomas merkte, dass er sich nahe einer Ohnmacht befand. Er mobilisierte das letzte Mal seine verbliebenen Kräfte, schlug alle Wölfe von sich und sprang aus dem Gefahrenbereich weg. Die Richtung des Sprungs hatte er auf gut Glück gewählt und wurde leider enttäuscht. Er prallte mit seiner ganzen Kraft gegen die drei Kämpfenden und alle Vier wurden durch die Luft geworfen. Sie stoben auf den Schlund zu und schlitterten schließlich über dessen Rand. Die kleinen blauen Kreaturen wurden mitgerissen, genauso wie einige der Wölfe. Unmenschliche Schreie erklangen als der Knäuel von Körpern in dem Schlund verschwand.

In dem Schlund loderte ein Fegefeuer. Das Ende war nicht zu erkennen. Eine Flammensäule kam aus dem Schlund und traf die Decke. Aus der Flammensäule lösten sich Glutbälle, die in allen Richtungen die Höhle in Brand setzten.

Andreas, immer noch sein Gewehr erhoben, schaute fasziniert auf die Flammensäule. Um ihn herum schlugen Felsbrocken auf. Kleine Splitter verletzten seine Haut und er blutete aus vielen Wunden. Sein Gesicht war schwarz vor lauter Ruß. Ein weiterer Hustenanfall durchschüttelte seinen Körper. Er fiel auf die Knie und nahm seine Umgebung nur noch verschwommen wahr. Überall bildeten sich Rauchwolken. Eine weiße, vierbeinige Kreatur trat durch eine Rauchwolke auf Andreas zu. Der weiße Wolf starrte Andreas an. In seinen Gedanken hörte Andreas wieder die Stimme des Wolfes.

Ich werde dir jetzt helfen.
Warum?
Weil du mich verstehst, Wolfsfreund.

Andreas bemerkte, wie weitere Wölfe in sein Blickfeld eintraten. Er sank zu Boden und war unfähig, sich zu bewegen. Die Wölfe umrundeten ihn und packten dann mit ihren Fangzähnen vorsichtig seine Kleidung. Nicht ein Zahn berührte seine Haut. Langsam zogen die Wölfe ihn aus dem Gefahrenbereich. Die Flammensäule war immer noch da. Sie wirbelte um sich herum und warf weiter kleine Feuerkugeln.

Kurz bevor die Wölfe Andreas in einen Eingang schleiften, hob er nochmals den Kopf. Die Höhle war nicht mehr da. Die Decke war eingestürzt und der Schlund nahm immer mehr des Bodens ein. Durch das laute Getöse hörte er plötzlich einen Schrei:

»SARA. ICH LIEBE DICH UND KOMME ZU DIR.«
So plötzlich, wie der Schrei ertönte, brach er auch abrupt wieder ab.

Dann fiel ein dicker Schleier über Andreas Augen und er fiel in Ohnmacht.

39

Wolfgang betrachtete Katjas Gesicht. Mit einem feuchten Lappen benetzte er ihr Gesicht, um es von Dreck und Blut zu reinigen. Ein Polizeibeamter kam auf ihn zu und sagte: »Der Helikopter ist gelandet. Sie kann jetzt ins nächste Krankenhaus geflogen werden.«

»Danke«, sagte er. »Schon irgendein Ergebnis, was die Suche nach dem Kommissar betrifft?«

»Nein«, antwortete der Beamte. »Aber die Suchmannschaften durchforsten weiter die Ruinen.«

Wolfgang nickte. Sein Blick wanderte zu den Ruinen, welche einmal das Anwesen gewesen waren. Die Villa, der Schuppen und die Scheune waren restlos zerstört. Dicke Rauchschwaden stiegen in den Himmel. Die größte Rauchwolke konnte man allerdings in weiter Ferne in der Richtung sehen, in der sich der Talkessel befunden hatte. Von dem Talkessel war nichts mehr übrig geblieben. Ein riesiger Krater zierte nun den Platz, an dem das Gebäude mit den Metallwänden und der Helikopterlandeplatz sich befunden hatten. Auf dem ganzen Anwesen waren kleinere Brände ausgebrochen, die aber von den Rettungsmannschaften und der Feuerwehr schnell unter Kontrolle gebracht wurden.

Zwei Sanitäter näherten sich den Beiden mit einer Trage. Sie hievten Katja auf die Trage und trugen sie zum Helikopter. Wolfgang wäre noch gerne geblieben um sich den Suchmannschaften anzuschließen, doch sah er ein, dass auch er ärztliche Versorgung benötigte. Einerseits war er sogar froh, den Ort des Schreckens zu verlassen.

Als er im Helikopter saß und dieser abhob, sah er eine weiße Wölfin auf einer Anhöhe stehen, die das Treiben der Suchmannschaften beobachtete. Ungelöschtes Feuer erhellte die Gegend. Ihr Fell war zerzaust und teilweise verdreckt. Wolfgang erkannte sie sofort. Er hatte dieses Tier zuletzt mit Andreas in der Höhle gesehen. Die Wölfin legte ihren Kopf zur Seite und sah zum Helikopter. Auf diese Entfernung konnte er die Augen der Wölfin nicht genau erkennen, aber irgendein bestimmtes Gefühl sagte ihm, dass Andreas in Sicherheit war. Er lehnte sich zurück und schloss die Augen. Nach kurzer Zeit schlief er ein.

40

»Sind wir in der Hölle?«
....
»Ich weiß es nicht, aber müsste um uns rum dann nicht Feuer sein? Würden wir dann keine Höllenqualen leiden?«
....
»Du hast recht. Ist es dann vielleicht der Himmel?«
....
»Ich weiß es nicht. Würden hier dann aber nicht Engel fliegen? Hätten wir dann nicht das Gefühl der Glückseligkeit?«
....
»Du hast recht. Aber wo sind wir dann?«
......
»Ich weiß es nicht. Ich habe so ein Gefühl der Leere.«
....
»Vielleicht sieht so der Tod aus. Vielleicht ist der Tod eine einzige Leere.«
......
»Vielleicht. Vielleicht aber auch nicht.«
......
»Mmh!?«
......
»Sieh mal. Ein Lichtkegel. Er bewegt sich auf uns zu.«

Der Lichtkegel näherte sich den Stimmen und durchdrang sie. Er trat auf der anderen Seite wieder heraus und verschwand im Nichts.

Zwei Augenpaare flackerten auf und sahen sich gegenseitig an. Ein Augenpaar hatte eine rote Augenfarbe, das andere eine grüne Augenfarbe.

»Wir sind endlich getrennt. Wie konnte das passieren?«
»Ich weiß es nicht, aber es fühlt sich gut an.«
»Ja. Es fühlt sich sogar sehr gut an. Ich bin glücklich.«
»Ich bin sogar sehr glücklich.«
Beide Stimmen sagten gleichzeitig: »Dann muss das der Himmel sein!«
Die Augenfarben leuchteten kurz auf und erloschen dann.

41

»Hallo?«
Hallo.
»Darf ich dir jemanden vorstellen, Liebes?«
Natürlich.
Ein junger Mann trat vor, von einer milchigen, wabernden Flüssigkeit umgeben.
»Das ist Thomas. Er freut sich, dich kennenzulernen.«
Danke. Die Freude ist auch ganz auf meiner Seite.
Der junge Mann lächelte und nickte dem Dunst, welcher die Form einer sehr attraktiven Frau zeigte, zu.
»Ich habe dich vermisst, Liebes.«
Ich dich auch. Ich bin sehr glücklich, dass du hier bist.
Der junge Mann entfernte sich von dem Dunst und der rot flackernden Flamme, die eine männliche Form besaß. Nach einer Ewigkeit verschwand er in der Unendlichkeit.
Der Dunst und die flackernde Flamme vereinigten sich und sie wurden zu einem unglaublich schönen Farbspektakel. Ihre Liebe formte sich für die Ewigkeit.

42

Von einem Berg schaute ein Mann mittleren Alters in ein Tal hinunter. Unten im Tal lag ein kleines Dorf, eingebettet in Kiefernwäldern. Ein See glitzerte im Schein der untergehenden Sonne.

Unsere neue Heimat.

Die Wölfe, die um seine Beine schlichen, schauten zu ihm auf. Alle erhoben ihre Köpfe und heulten dem Sonnenuntergang entgegen.

Hinter ihm tauchte eine weiße Wölfin auf.

Wir sollten einen Platz suchen, an dem wir ungestört sind. Die meisten müssen ausruhen, Wolfsfreund.

Du hast recht. Lass uns einen Schlafplatz suchen.

Der Mann schaute wieder in das Tal herab und fixierte das Dorf. Eine weit entfernte Sehnsucht tauchte kurz in seinem Verstand auf und verschwand ebenso schnell wieder. Er kratzte an seinem Bart und schüttelte den Kopf. Als er sich umdrehte und die Anhöhe verließ, folgten ihm die Wölfe. Sie verschwanden im Wald.

43

Katja und Wolfgang saßen draußen vor einem kleinen Café in der Nähe des Kölner Doms. Die Sonne schien warm und die Temperatur war auf fast 22 Grad angestiegen, obwohl es noch nicht Mittagszeit war. Eine Kellnerin brachte den beiden Kaffee. Als sie wieder weg war sagte Katja: »Und Wolfgang, wie geht es dir?«

Wolfgang schaute ihr in die Augen und Erinnerungen kamen von dem Tag von vor fast acht Monaten wieder hoch.

»Ja, es geht. Komplett hab ich die Ereignisse von damals noch nicht verkraftet. Ich denke oft an Andreas. Und dir? Geht es dir hier gut in Köln?«

»Der Umzug von Dortmund nach Köln war etwas stressig. Ansonsten hab ich die Zeit aber gut überstanden.«

»Das glaube ich dir aber nicht. Ich sehe dir doch an, dass du immer noch trauerst. Du hast Karl wirklich geliebt?«

Traurige Augen schauten Wolfgang an. »Ja, ich habe ihn geliebt und ich werde ihn immer lieben, auch wenn er tot ist. Er war der erste Mann, der mich mit meinem Problem verstanden hat. Ich wünschte, der Tag wäre anders verlaufen und er würde noch leben.«

»Du weißt, dass dies nicht möglich wäre. Er hat etwas Großes vollbracht. Ich will nicht daran denken, was passiert wäre, wenn Metzlokrea in seinem Wahn mit seinen Zielen durchgekommen wäre. Dann wärst du auf jeden Fall tot und er hätte eine Macht gehabt, die niemand mehr hätte aufhalten können.«

Katja nippte an ihrer Tasse Kaffee: »Du hast recht. Ich sollte das Schicksal nicht anzweifeln.«

Wolfgang schaute ihr intensiv in die Augen: »Bist du sicher, dass du keine Spur mehr von dieser Macht besitzt?«

Katja schaute etwas nervös auf die anderen Gäste, die in ihrer Nähe saßen.

»Ich bin mir sicher, dass ich an dem Tag in der Höhle alle meine Kräfte mit einem Schlag entweichen ließ. Mir kam es vor als wäre ich ausgesaugt worden. Seitdem fühle ich nur noch eine bleibende Leere. Vielleicht ist das auch ein Grund, warum es mir noch nicht zu 100 Prozent gut geht.« Sie fuhr sich mit einer Hand durch ihr langes, wallendes Haar. »Aber ich bin zuversichtlich. Bald wird es mir wieder sehr gut gehen. Es ist nur eine Frage der Zeit.«

Wolfgang gab ihr recht. Sie unterhielten sich noch einige Zeit, bis sie das Café gemeinsam verließen.

Sie blieben beide gute Freunde und trafen sich mehrmals im Jahr. Aus Freundschaft wurde engere Freundschaft und schließlich Liebe. Beide heirateten und waren bis ans Ende ihrer Tage sehr glücklich. Die Ereignisse jedoch sollten sie nie gänzlich vergessen.

Das Kolossium

Seit einer Ewigkeit existiert dieser Tank des Lebens. In ihm befindet sich das Leben aller Welten, Galaxien und Dimensionen. Kristalle bedecken eine glatte Oberfläche und jeder Kristall beinhaltet Leben in Form einer Pflanze, eines Tieres, eines Menschen oder eines anderen Lebewesens. Verschiedene Farben verzieren die Oberfläche, die Kristalle und die darüber befindliche Leere.

Honiggelb, Moosgrün, Feuerrot, Apfelsinenorange, Himmelblau, Milchweiß, Holzbraun. Vor vielen Äonen entstand allerdings etwas Einzigartiges. Zwischen all den Kristallen gibt es eine freie Fläche, entstanden durch eine Erschütterung der Existenz des Lebens. Auf dieser freien Fläche steht ein einzelner Kristall. Die Form des Kristalls weicht stark von den anderen Kristallen ab. Seine Ecken und Kanten sind uneben, wohingegen die anderen Kristalle in einem perfekten Zustand existieren.

Der einzelne Kristall ist von einem schwarzen Energiekäfig umgeben, der unablässig pulsiert. Die Farbblitze machen einen weiten Bogen um dieses Gebilde. Bei genauerer Betrachtung sieht man eine fast durchsichtige Gestalt in dem Kristall. Die Gestalt schlägt von innen gegen den Kristall. Ganz schwach umgibt ihn ein blauer Nebel im Kristall, die einzige Farbe außer schwarz. Es scheint allerdings, dass der Nebel immer schwächer wird, bis er wahrscheinlich irgendwann ganz verschwinden wird. Man bemerkt an dem Gesichtsausdruck der Gestalt, dass sie unerträgliche Schmerzen ertragen muss. Und diese Schmerzen werden für die Ewigkeit sein.

Die Gestalt hat versucht den Lebenskreis aus den Bahnen zu werfen. Glücklicherweise war es ihr nicht gelungen. Nun muss sie die Strafe dafür ertragen.

Die Gestalt versucht trotz der höllischen Schmerzen zu denken. Sie schmiedet Rachepläne. Sie denkt über Flucht nach. Doch das alles wird ihr nichts bringen, denn das Gefängnis, in dem sie sich befindet, ist stabiler als alles was existiert.

Die Gestalt wird für die Ewigkeit gefangen sein und ihre Strafe weiterhin bekommen, wenn die Ewigkeit zu Staub zerfallen ist.